2025
중국에 묻는
네 가지 질문

미·중 갈등 구도에서
한국이 걸어야 할 한·중 외교의 길

Chinese

2025 중국에 묻는 네 가지 질문

노영민 지음

Dream

메디치

21세기 국제정치의 가장 큰 변곡점은 중국의 부상과 그에 따른 미·중 전략 경쟁의 심화에서 찾을 수 있다. 그만큼 중국의 비중이 커졌다는 이야기다. 사실 중국의 급작스러운 부상은 여러 가지 의문점을 수반해왔다. 과연 중국은 미국의 패권에 도전하는 수정주의 세력인가? 중진국 함정에서 고전하고 있는 중국 경제, 투자하기에 안전한가? 북한의 핵미사일 문제와 한반도 평화를 중국은 어떻게 바라보고 있는가? 동북아의 평화와 안정에 대한 중국의 시각은 무엇인가? 중국에 관심 있는 인사들이 일반적으로 알고자 하는 쟁점들이다.

3선 국회의원과 주중대사, 그리고 문재인 대통령 비서실장을 지낸 노영민 대사가 저술한 이 책은 이 네 가지 질문에 대해 예리하고 통찰력 있는 답변을 제시하고 있다. 이 책은 저자가 주중대사로 부임하기 전인 2017년 8월 국회의원 대상 초청 강연을 위해 썼던 것을 2023년 10월 중국 대학 초청으로 강연을 하기 위해 보완한 것이라 한다.

4장으로 구성된 이 책 1장에서 저자는 패권과 관련된 중국의 대외 행보를 자세히 다루고 있다. 중국이 일대일로, '중국제조

2025', 그리고 전랑 외교 등 공세적 대외 정책 노선을 견지하고 있지만, 승자독식의 패권국으로 가지는 않으리라 전망한다. 아직도 도광양회(韜光養晦)와 화평발전(和平發展)의 전통적 외교 노선이 저변에 깔렸기 때문이라는 것이다.

2장에서는 중국 경제의 최근 동향을 심층적으로 분석하고 있다. 중국이 안과 밖으로부터 다양한 도전에 직면하고 있는 것은 부인할 수 없는 사실이다. 그러나 쌍순환 전략, '고품질(高品質)' 발전, 그리고 '자립적 기술혁신'으로 이를 극복하려 노력하고 있다. 더구나 '공동 부유론' 등이 중국을 개혁·개방 이전으로 되돌리는 것 아니냐는 우려도 낳고 있지만 그럴 가능성은 작다는 것이다. 문제가 되는 것은 중국 정부와 관련된 '정치 리스크'로서, 이를 최소화해야 중국에 대한 외국인 투자가 되살아날 것으로 내다보고 있다.

3장에서는 북한의 핵미사일 능력을 미시적으로 분석하며 중국이 북한의 비핵화와 핵 군축에 주도적·선제적으로 나서야 한다고 주문하고 있다. 한반도 비핵화는 중국의 국익뿐만 아니라 한반도와 동북아 전체의 평화와 안정에도 필수적이기 때문이다. 그러기 위해서는 중국이 대화와 설득은 물론 원유 수급 조절과 국경 통제 등과 같은 지렛대를 동원해야 한다는 것이다.

마지막으로 4장에서는 대만 문제, 영토 분쟁, 일본의 재무장, 해로 안전과 미·중 군비 경쟁 등 동북아의 다양한 지정학적·지경학적 쟁점들을 검토하고 이 지역의 평화 유지를 위한 중국 외교 정책의 미래 방향을 제시하고 있다. 특히 저자는 중국이 북·중·러 북방 3각 구도와 한·미·일 남방 3각 구도의 대립과 같은 신냉전 구도의 등장과 공고화를 막는 데 외교적 노력을 전개해야 한다고 주장한다.

"중국의 미래를 위해 도광양회의 정신으로 돌아가라!" 저자가 이 책에서 중국에 주는 교훈이다. 그리고 한국에 주는 메시지는 중국을 제대로 알고 시대착오적 이념 외교에서 벗어나 국익 차원에서 중국과의 관계를 재설정하라는 것이다.

원래 저자는 시인이자 문장가로 명성이 나 있다. 이 책을 읽으면서 명불허전이라는 것을 새삼 깨닫게 된다. 무엇보다 전문가를 능가하는 저자의 중국에 대한 식견에 놀라게 된다. 저자의 분석력과 경험적 깊이 또한 인상적이다. 참 부지런하게 자료들을 수집하고 분석했구나 하는 생각이 들었다. 특히 간결하고 명료한 문체, 설득력 있는 논지가 이 책을 더욱 값지게 한다. 이 한 권의 책을 읽으면 나도 중국 전문가가 될 수 있겠구나 하는 자신감을 가지게 된다. 중국 현안에 관심 있는 이들에게 이 책은 필독서이다. 그리고 한반도와 동북아 정세에 관심을 가지는 모든 이들에게도 일독을 강력히 권하는 바이다.

_____ 문정인(연세대학교 명예교수·문재인 정부 통일외교안보특보)

중국은 한반도의 항구적 평화를 정착시키기 위한 우리의 외교적 노력에 있어 동맹국인 미국 다음으로 중요한 전략적 동반자다. 저자가 중국에 다시 묻고 있는 네 가지 질문에 대하여 중국이 그들의 속내를 우리에게 시원하게 털어놓을 것으로 기대하기는 어렵다.

하지만 동북아의 평화 유지가 우리나라는 물론 중국의 국익에도 부합되는 것은 틀림없다. 저자가 지적했듯이 중국은 동북아의 격랑 한가운데에서 평화 유지와 현상 변경 사이에서 아슬아슬한 줄타기를 하고 있다. 반면 우리나라는 평화 유지를 우선적으로 추구하면서 궁극적으로는 통일이라는 평화적인 현상 변경을 갈망하고 있다. 이러한 상황에서 우리로서는 중국이 우리의 전략적 목표에 맞도록 행동하도록 노력해야 할 것이다.

저자는 중국에 대한 오랜 관심과 연구를 바탕으로 문재인 정부의 초대 주중대사로서의 외교 현장에서의 생생한 경험을 통하여 중국에 대한 범접하기 어려운 식견을 쌓았다. 그리고 이러한 높은 식견과 경험을 바탕으로 향후 한·중 양국이 윈윈할 수 있는 외교적 협력 방향을 제시하고 있다.

한반도에서 새로운 냉전 구도가 펼쳐지고 있는 가운데 트럼프 2.0 시대를 맞아 우리의 외교 환경은 불확실성이 더욱 커지고 있다. 이 책은 한·중 관계뿐 아니라 우리 외교의 나아갈 방향에 대한 좋은 지침서가 될 것이다.

_____ 정의용(전 국가안보실장·외교부 장관)

노영민 전 주중대사는 그의 바쁜 정치 역정 중에서도 오랫동안 중국의 역사·정치·경제·고전·산업 공부에 천착해왔다. 이번에 그가 내어놓은 이 책은 내가 읽어온 현대 중국에 관한 책 중에서 가장 뛰어나고 중국의 속살을 이해하는 데에 도움이 된 책이다. 노 대사는 중국이 왜 오늘 이 자리에 서 있게 되었는지, 미·중 갈등 구도 속에 앞으로 어떤 길을 걸어가게 될지에 대해 중국의 역사와 오늘날 세계 정치 질서의 흐름을 관통하며 탁월한 분석과 특유의 통찰력을 제시하고 있다.

_____ **조윤제**(전 주미대사)

급격히 요동치는 국제 정세를 마주하며

"Winter is coming(겨울이 다가오고 있습니다)!"

트럼프의 낙승으로 끝난 2024년 미국 대선 결과를 두고 하버드 대학교 케네디스쿨의 국제관계학과 스티븐 M. 월트(Stephen Martin Walt) 교수가 내린 의미심장한 진단입니다.*

이상고온으로 유달리 길게 느껴졌던 2024년의 가을은 이제 긴 겨울의 문턱에 들어서 있습니다. 그리고 이 겨울의 한가운데인 2025년 1월 20일에는 미국의 트럼프 2기 행정부가 출범합니다. "미국을 다시 위대하게(Make America Great Again)"를 슬로건으로 '미국 우선주의'를 공공연하게 내세운 도널드 트럼프가 지난 45대에 이어 제47대 미국 대통령으로 다시 취임하게 됩니다. 미국의 권력 교체기를 앞둔 지금 국제 정세는 급격하게 요동치고 있습니다. 어쩌면 이번 겨울 국제사회는 과거 어느 위기의 시기보다 혹독한 추위를 겪게 될지도 모를 일입니다.

이 원고는 원래 제가 주중대사로 부임하기 전인 2017년 8월 국

---

* Stephen Martin Walt, 「2024년 미국 대선이 지닌 10가지 외교 정책적 의미—트럼프 2.0에 대해 어떻게 생각해야 할까?」, 《Foreign Policy》, 2024. 11. 8.

회의원 대상 초청 강연을 위해 「중국에 묻는 네 가지 질문」이라는 제목으로 썼던 것으로, 대사 부임 후 칭화대, 베이징대, 런민대, 푸단대, 중산대 등에서 강연할 때도 기초 자료로 삼았던 글입니다. 이후 시간이 흘러 2023년 10월 중국 대학 몇 곳의 초청으로 강연을 하기 위해 내용을 보완했습니다. 그런데 윤석열 정부가 국익보다는 이념을 내세운 진영 외교를 표방하며 한·미·일 동맹 및 협력에 집착하면서, 한국 경제의 최대 파트너였던 중국과의 관계는 악화(惡化)될 수밖에 없었습니다.

전임 정부의 주중대사를 지냈던 제 판단으로는 무엇보다도 현정부의 최고 책임자가 중국 측이 '핵심 이익 중의 핵심'으로 꼽는 대만 문제를 앞장서서 이슈화한 것이 중국 지도부의 심기를 건드린 게 아닌가 싶습니다. 이 와중에 저를 초청했던 중국 대학이 입장을 바꾸면서 강연은 취소되고 말았습니다. 시대착오적(時代錯誤的)인 이념 외교의 유탄이 엉뚱한 곳으로 튄 셈입니다.

최근 출판사의 출간 요청을 받고 방치했던 원고를 1년여 만에 다시 펼쳐보았습니다. 하루가 다르게 새로운 전황(戰況) 보도가 이어지고 있는 우크라이나 전쟁의 소식처럼, 그 어느 해 못지않게 변화무쌍했던 지난 1년간의 국제관계와 중국을 둘러싼 역학(力學)을 제대로 담지 못한 한계는 있었지만, 다행인지 불행인지 그동안의 국제 정세가 제가 1년 전에 가졌던 문제의식과 크게 어긋나는 것 같지 않습니다. 제가 주중대사로 있던 시기는 트럼프 1기 정부였고 이제 곧 우리는 트럼프 2기 정부를 마주하고 있습니다. 부족하나마 그동안 제가 보았던 중국을 바라보는 관점과 시각이 다소나마 도움이 되리라 생각해 다시 졸고를 펴냅니다.

이 겨울의 삭풍(朔風)이 훈풍(薰風)으로 바뀔
국제 정세의 봄을 기대하며
2025년 1월에
노영민 씀

차례

3장 북한 핵·미사일이 중국의 국익(國益)에 부합하는가?

4장 동북아 평화 유지에 대한 중국의 입장은 무엇인가?

1장

중국의 반패권주의는 유지되고 있는가?

중국이 일대일로 프로젝트를 추진한 동기는 서방의 편견처럼 국제정치나 외교적 필요보다는 내부의 사회경제적 수요에 방점이 찍혀 있는 것으로 보입니다. 그건 아마도 이미 고도 성장기를 지난 중국 경제 및 중국 사회가 당면한 현실과 미래상에 대한 고민과 무관하지 않았을 것으로 보입니다.

여기에는 2010년대 초반의 과잉생산 해소를 위한 시장 확보, 실업 대책, 개혁·개방에서 소외됐던 서부 지역의 동력 확보를 통한 선부론(先富論)의 보완, 위안화의 국제화를 위한 초석 마련, 달러 중심의 외환 보유고를 자원과 인프라 투자로 활용 다변화 등의 모색이 담겨 있습니다. 또한 대상 지역 국가들과의 밀접한 교류를 통해 미국의 인도-태평양 전략과 이로 인한 봉쇄를 우회하는 것은 물론이고, 중국의 경제성장 경험을 공유하는 과정에서 지역 국가들에 중국만의 매력을 어필하면서 소프트 파워(연성 권력)를 강화하는 외교적 성과도 부차적으로 기대했을 것입니다.

만리장성은 중화사상의 울타리

숱한 나라와 민족이 명멸(明滅)했던 세계사의 무대에서 중국처럼 유구(悠久)한 역사와 찬란한 문명, 강성한 국력을 지속한 나라는 달리 없습니다. 그런 나라의 국민이 자국 역사에 남다른 우월감을 갖는 것은 그럴 법한 역사적 근거가 있다고 수긍할 만합니다.

광활한 중원에서 이런 중국의 힘을 대표할 만한 역사 유산을 하나 꼽으라고 한다면, 저는 주저 없이 만리장성(萬里長城)을 꼽겠습니다. 만리장성에는 총연장 6,350km에 이르는 경이적인 규모에다, 진시황이 최초로 중국을 통일한 직후부터 명대에 이르기까지 근 2000년 동안 개·보수와 연장을 거듭한 세월의 무게까지 온전히 더해져 있습니다. 이 지구상에서 앞으로도 달리 비교 대상을 찾기 힘들 정도로 위대하고 장엄한 건축물입니다. 최고의 문명국을 자처하며 한때는 세계 경제력의 1/3을 차지했을 정도로 압도적인 국가 경쟁력을 갖췄던 중국의 저력(底力)을 유감없이 보여주는 상징물이 바로 만리장성일 것입니다.

현대 중국의 아버지인 쑨원(孫文) 선생은 "만리장성은 그 건설의 거대함에 필적할 만한 것이 없고 세계에서도 유일무이한 장관이다"라고 칭송을 아끼지 않았습니다. 중국혁명의 지도자 마오쩌둥(毛澤東) 주석도 "장성을 오르지 않고서는 사내대장부라고 할 수 없다(不到長城非好漢)"라는 유명한 말을 남겼습니다.

만리장성은 흉노나 몽골 같은 북방 유목민의 침략에 대비하기 위한 방어 시설입니다. 그런데 바로 이 지점에서 이런 의문이 생깁니다. 당대 최고의 경제력, 최대 인구에 최대 군사력을 갖추었던 역대 중국의 통일 왕조들이 변방의 골칫덩이 유목민족들을 정벌해 복속시키는 길을 두고 왜 장성의 축조라는 무모해 보이기까지 한 대역사(大役事)에 힘을 쏟았을까? 수많은 인력과 자원을 그토록 오랜 기간 투입하면서까지 꼭 그렇게 수세(守勢)적으로 대응해야 할 다른 이유가 있었을까? (유목민 군대가 탁월한 기동성과 일당백의 전투력을 갖췄다는 사실, 그리고 그들의 근거지가 농경에 적합하지 않은 지역이었다는 사정 등은 여기서는 부차적인 문제입니다.)

저는 무엇보다도 만리장성의 존재가 역대 중국의 왕조 및 정부가 펼친 대외 정책의 특색을 잘 보여주는 징표라고 생각합니다. 변방의 여러 민족을 정벌해 자국 영토로 편입시킬 수 있는 충분한 힘을 가졌던 시기에도 중국은 만리장성 밖의 땅에는 크게 관심을 기울이지 않았습니다. 그보다는 오히려 중원(中原)의 통일이라는 내부 패권의 확립이 더 중요한 관심사였던 것으로 보입니다.

이 점은 영토 확장으로 바람 잘 날 없었던 고대 동서양의 제국이나 유목국가, 근대 이후 제국주의로 치달았던 서구의 경로와는 뚜렷이 구분되는 중국만의 역사적 경로였습니다. 한마디로 근대 이전의 중국은 하나의 완결된 배타적 세계로서 자신만의 고유한 역사를 만들어나갔던 것입니다. 이런 의미에서 국제관계에 관한 한 중국사의 많은 부분은 '비패권적(非覇權的)' 경향을 보였다고 표현해도 무방할 것입니다.

이런 중국의 '비패권적' 경향을 대표적으로 보여주는 왕조 시대의 대외 정책은 주변국들과 '조공(朝貢)과 책봉(册封)'으로 맺어진 외교 관계였습니다. 주변국을 무력으로 병합하는 대신 상하 관계를 맺어 국가의 독립을 유지하도록 했습니다. 직접 통치하지는 않지만 형식적인 군신 관계(君臣關係)를 맺어 세력권에 편입시키는 방식이었지요.

중국의 전통적 비패권적 외교 정책의 배경에는 주변국을 압도하는 국력에 기반한 '중화사상(中華思想)'이 자리 잡고 있었습니다. 중국은 하늘의 아들인 천자(天子, 즉 황제)가 직접 통치하는 나라로서 세상의 중심이라는 사상입니다. 이런 사상을 가진 중국인들에게 만리장성은 문명과 야만을 나누는 경계이자 자족적이고 자기 완결적인 중화 세계의 상징 그 자체였습니다.

중국 외교의 '비패권적' 전통은 이어질까

역대 중국 외교의 비패권적 특징은 사회가 급격하게 변한 현대에 들어와서도 변함없이 이어졌습니다. 서구 제국주의 열강의 내습(來襲)과 일제의 침탈, 세계대전의 발발과 공산혁명의 성공 등으로 이어지는 일련의 상황은 '비패권의 추구'라는 전통적인 중국 외교의 정체성이 뿌리째 흔들릴 법한 환경을 초래했습니다.

그렇지만 아무리 폭풍우가 몰아쳐도 뿌리가 굳건한 거목은 몸체가 흔들리고 가지가 부러질망정 쓰러지지는 않는 법. 5,000년 중국 역사에서 과거의 낡은 유산과의 단절을 선언하고 최초의 '무산자(無産者)'의 권력을 표방한 신중국의 공산당 정부도 다르지 않았습니다. 신중국도 외교 정책만큼은 고래(古來)의 '비패권적' 전통을 출발선으로 삼았습니다.

공산당 정부는 중국 외교의 '비패권적' 전통을 계승하는 데 머무르지 않았습니다. 오히려 한 걸음 더 나아가 '반패권주의'라는 보다 확고한 외교 정책의 원칙을 정립했습니다. 중국의 전통적 외교 정책이 한 단계 업그레이드된 셈이라고나 할까요.

특히 공산당 권력의 2인자인 저우언라이(周恩來) 총리가 신중국의 탄생 초기인 1955년의 반둥회의에서 제3세계의 비동맹 노선을 주도했던 일은 신중국 외교 정책의 지향점이 어디에 있는가를 잘 보여주는 사건이었습니다. 제2차 세계대전 이후 세계는 미국과 소련을 중심으로 두 축으로 급속히 재편되었는데, 이 과정에서 중국은 같은 사회주의권인 소련의 편에 서지 않음으로써 반패권주의의 의지를 분명히 드러냈습니다.

신중국의 성립 초기, 거대 중국의 국가 전략은 생존일 수밖에 없었습니다. 주변을 자본주의 국가들이 둘러싸고 있었고, 1950년 중·소 상호원조조약이 체결됐지만 중국은 소련으로부터 동유럽의 위성국가 정도의 대접을 받는 형편이었습니다. 게다가 미·소 초강대국의 각축은 냉전의 형태로 점점 가열되고 있었습니다.

'심알동 광적량 불칭패(深窟洞 廣積糧 不稱覇)'. "굴을 깊게 파고, 식량을 비축하며, 패권자라 칭하지 말라"는 뜻을 가진 마오쩌둥 주석의 교시(敎示)입니다. 이 중에서 '불칭패(不稱霸)'가 이 시기 중국 대외 정책의 방향을 제시하는 말일 텐데, 조용히 힘을 기르는 데 집중해야지 밖으로 나대지 말라는 것과 다름이 없는 내용입니다.

세계 최다 인구에 세계 3위의 영토 면적을 가진 대국으로서는 자존심 상할 일이었지만, 미·소 두 초강대국 사이에서 운신(運身)의 어려움을 반영한 현실적 정책이기도 했습니다. 이런 기조는 중국이 자본주의 진영과 교류하기 시작한 1970년 이후에 이르러 "미·소 양 초강대국의 패권주의에 반대해야 한다"는 보다 적극적인 선언으로 바뀌었습니다.

개혁·개방(改革開放)을 추진하던 1980년대에도 중국 외교의 방향은 '불칭패'의 길에서 크게 벗어나지 않는 것이었습니다. 이 시기의 외교 정책 기조를 설명하는 용어는 덩샤오핑(鄧小平)이 제창한 '도광양회(韜光養晦)'로, "빛을 감추고 어둠 속에서 힘을 기른다"는 뜻입니다. 《삼국연의(三國演義)》에서 한때 조조에게 몸을 의탁했던 유비가 자신의 그릇을 숨기고 은인자중한 것에서 유래한 말이지요. 국제적인 영향력을 행사할 수 있기까지는 불필요한 마찰을 피하겠다는 일종의 회피 전략이기도 했습니다.

덩샤오핑은 1989년 도광양회를 제창하면서 "100년간 이 기조를 유지하라"고 특별히 당부했다고 하는데, 후계 지도자들에 의해 그 뜻이 제대로 계승되고 있다고 봐도 좋을까요?

그런데 장쩌민(江澤民) 주석의 3세대와 후진타오(胡錦濤) 주석의 4세대 지도부가 들어선 이래, 덩샤오핑의 진중한 당부와는 달리 수

세적이던 외교 노선이 상대적으로 공세적인 외형을 띠기 시작합니다. 그동안의 높은 경제성장을 배경으로 은인자중하던 대외 관계의 기조를 보다 능동적이고 적극적인 역할을 모색하는 것으로 바꾼 것입니다.

그 출발은 1997년 장쩌민 국가주석이 "대국으로서 책임지는 자세를 보이겠다"고 공표하면서 천명한 '유소작위(有所作爲)' 노선이었습니다. '필요한 역할은 한다'는 뜻으로, 오랜 도광양회의 지침에 변화를 주겠다는 선언으로 받아들여집니다. 뒤이은 후진타오 주석의 시기는 '평화롭게 우뚝 선다'는 뜻의 '화평굴기(和平崛起)'를 대외 전략의 기본으로 삼았습니다. 과거 서구의 비평화적인 부상과 차별화되는 '평화로운 부상'을 통해 경제 세계화에 적극 참여한다

표 1 중국 역대 주석의 외교 노선 변화

지도자	재임 기간	외교 이념	의미
마오쩌둥	1949~1976	심알동 광적량 불칭패 (深挖洞 廣積糧 不稱覇)	굴을 깊게 파고, 식량을 비축하며, 패권자라 칭하지 말라.
덩샤오핑	1976~1989	도광양회(韜光養晦)	빛을 감추고 어둠 속에서 힘을 기른다.
장쩌민	1989~2002	유소작위(有所作爲)	대국으로서 필요한 역할은 한다.
후진타오	2002~2012	화평굴기(和平崛起)	평화롭게 우뚝 선다.
		돌돌핍인(咄咄逼人)	거침없이 상대를 압박한다.
시진핑	2012~현재	분발유위(奮發有爲)	떨쳐 일어나 해야 할 일을 한다.
		대국굴기(大國崛起)	큰 나라로 우뚝 선다.

2025 중국에 묻는 네 가지 질문

는 구상을 핵심으로 하고 있습니다.

현 시진핑(習近平) 주석의 시대 들어서는 일부 언론과 지식인들 사이에서 보다 생경하고 거친 용어들까지 등장하고 있습니다. '유소작위'보다 강한 표현인 '해야 할 일을 주도적으로 한다'는 뜻인 '주동작위(主動作爲)'부터 '거침없이 상대를 압박한다'는 뜻의 '돌돌핍인(咄咄逼人)'까지.

이러한 중국 대외 정책의 변화는 아이가 어른이 되면서 몸집이 커지고 언행이 의젓해지는 것처럼 당연하게 볼 수 있는 일입니다. 중국 내부에서 "냉엄한 국제 질서에서 국력에 걸맞은 영향력 행사는 필연적"이라는 현실론에 기초한 긍정론이 우세한 것도 어찌 보면 자연스러운 현상에 가깝습니다.

그러나 사람에게는 쉽게 변하지 않는 본성이 있습니다. 심성이 올바르고 제대로 교육받은 아이라면, 어른이 돼서도 선한 성품을 잃지 않는 법입니다. 비록 소수이긴 하지만 사회주의 중국이 국제 사회의 미래상에 대한 비전 없이 눈앞의 국익에만 집착하는 근시안적 대응을 해서는 안 된다는 비판적 시각의 존재는 그래서 소중합니다.

국제사회는 거대한 중국의 변신에 대해 불안과 우려의 시선을 감추지 않고 있습니다. "중국의 외교 정책이 고압적으로 변해 각국 외교관들의 분노를 사고 있다"는 존 헌츠먼(Jon Huntsman) 제9대 주중 미국대사(2009~2011년 재임)의 본국 보고가 이런 기류의 일단(一端)을 보여준다고 할 수 있지요.

사실 국제사회가 가진 이런 시선의 기저에는 중국의 급속한 부상에 대한 서방의 경계심이 깔려 있습니다. 특히 일부 서방 언론은 중국이 빠르게 성장하는 경제력을 배경으로 군사대국화하여 세계의 패권을 도모하게 될 것이라는 '중국 위협론'을 공공연히 퍼트리고 있습니다. 국제사회의 불안감을 증폭시켜 중국을 견제하기 위함이겠지요.

현 중국 지도부도 이 점을 잘 알고 있습니다. 시진핑 주석은 2014년 3월 독일 쾨르버재단(Körber-Stiftung) 초청 연설에서 "중국은 역사상 오랫동안 세계 최강국에 속했지만, 타국을 침략하거나 식민지로 만든 적이 없다"면서 '중국 위협론'이라는 색안경을 낀 서방의 공세를 반박했습니다. 또한 중국 외교의 얼굴인 왕이(王毅) 외교부장도 2017년 9월 유엔총회의 연설에서 "침략은 중국의 유전인자가 아니다"라는 말로 시 주석과 보조를 맞췄습니다.

두 지도자의 발언은 중국 대외 정책의 반패권주의 전통을 재확인했다는 점에서 그 함의가 결코 가볍지 않습니다. 성장가도에 있는 중국 경제의 발전을 위해서는 평화롭고 안정적인 국내외 환경이 필수적이고, 중국의 발전 경로가 국제 질서를 위협하는 방향이 아닌 호혜·상생(互惠相生)의 길이 될 것이라는 점을 명백히 한 것입니다. 마치 훌쩍 자란 아이가 세월 풍파 속에서도 올바른 심성을 잃지 않은 것처럼 장한 일입니다.

그런데 말입니다. 세계는 지금 중국이 반패권주의 전통을 실제로 유지하고 있는지에 대해 회의(懷疑)를 드러내고 있습니다. 중국이 세계의 패권을 장악하려 하는 것 아니냐는 의혹의 눈초리를 번득이고 있는 것입니다. 그 기저에 '경제 공룡' 중국의 부상에 초조해하는 서방의 견제 심리가 깔려 있는 것은 물론입니다.

'중국판 마셜플랜'인 '일대일로(一帶一路)'의 지향점

제가 보기에는 중국에 대한 서방의 의심을 확신으로 굳어지게 만드는 중국 내부의 정책적 요인이 없지 않습니다. 저는 그 요인을 '일대일로', '중국제조 2025', '전랑 외교'의 세 가지 정책에서 찾아보고자 합니다.

첫 번째로, 2013년 시진핑 국가주석의 제안으로 시작된 '일대일로(一帶一路, one Belt one Road)'는 중국 주도로 동남아시아-중앙아시아-서아시아-아프리카-유럽을 잇는 내륙 및 해상 경제 벨트를 구축하고자 하는 '현대판 실크로드 전략'입니다. 중국이 개발도상국에 자본을 투자해 대규모 사회 기반 시설(인프라)을 짓거나 경제·외교 관계를 강화하고 있는 정책이란 점에서 '중국판 마셜 플랜'이라고도 불리지요.

중국 내륙 지역에서 출발해 중앙아시아-유럽으로 이어지는 육상 실크로드와 중국 연해를 중심으로 동남아시아-중동-아프리카-유럽-남미를 잇는 해상 실크로드를 두 축으로 하여 '이익공동체'를 형성하겠다는 담대한 구상의 산물입니다. 중국공산당이 2017년 19차 당 대회에서 이것의 추진을 당장(黨章, 당의 헌법)에 삽

입할 정도로 위상이 특별하고, 무엇보다 최고 지도자인 시 주석이 각별히 신경 쓰면서 진두지휘(陣頭指揮)하는 정책입니다.

2023년 현재 세계 150여 국이 참여한 가운데 총 9,620억 달러의 천문학적 자금이 투입된 현재진행형 프로젝트입니다.

일대일로 프로젝트에 참여하는 국가들에는 중앙아시아와 동남아시아, 아프리카는 물론이고, 유럽에서도 중·동부 국가 다수가 포함됩니다. 심지어 선진 7개국 협의체(G7)의 일원이자 유로존(유로화 사용 19개국) 경제 규모 3위인 이탈리아도 2019년부터 일대일로에 참여한 적이 있습니다. 이탈리아는 나라 안팎의 일대일로 탈퇴 압력에 시달리던 끝에 2023년 12월 중국의 간곡한 만류를 뿌리치고 일대일로를 탈퇴했습니다. 필리핀과 에스토니아도 탈퇴 대열에 합류했고요. 하지만 일대일로가 사실상 아메리카 대륙을 제외한 전세계 대륙을 아우르는 대규모 프로젝트로 자리 잡은 것은 사실입

표 2 중국의 대륙별 해외 직접 투자 현황(2023년)

구분	규모(억 달러)	전년 대비 증가율(%)	비중(%)
아시아	1,416.0	13.9	79.9
남미	134.8	−17.6	7.6
유럽	99.7	−3.6	5.6
북미	77.8	7.0	4.4
아프리카	39.6	118.8	2.2
오세아니아	5.1	−83.4	0.3
합계	1,722.9	8.7	100

자료: 중화인민공화국 상무부(2024)

니다. [표2]에서 중국의 대륙별 해외 직접 투자 현황을 보실 수 있습니다.

결국 개발도상국에 중국 자본을 투입해 자원과 인프라를 개발하고 이를 통해 함께 경제적 파이를 키워나간다는 것이 중국이 내세우는 일대일로 프로젝트의 취지입니다. 그러나 서방은 이런 중국의 설명을 액면 그대로 받아들이지 않고 있습니다. '일대일로 프로젝트'에 대한 경계의 눈초리를 거두지 않고 있는 것입니다. 중국은 '일대일로'가 상호 교류와 협력을 통해 경제적 공영을 추구하는 구상이라고 주장합니다. 반면에 서구 세계는 이것이 대외 팽창을 위한 중국의 노림수라는 불신에 사로잡혀 있습니다.

물론 '일대일로' 프로젝트에 대한 이런 서방의 의구심과 불신은 팩트의 과장이나 왜곡에 근거한 경우가 많습니다. 그렇더라도 프로젝트 시행 과정에서 중국이 의심의 단초(端初)를 제공한 책임이 없지는 않습니다. 상대국의 상환 능력과 경제성을 무시한 인프라 투자, 상대국의 상환 유예 및 부채 조정 요구에 대한 소극적 자세, 투자금을 상환하지 못한 나라의 자원이나 시설 운영권 환수 조치 등의 사례들이 여기에 해당합니다. 주로 사업 초기에 드러났던 미숙한 사업 방식이 서방의 의구심과 공세를 불러일으킨 빌미가 되었던 셈입니다.

특히 사업 초반에는 인프라 공사를 수주한 중국 개별 기업의 문제가 부각(浮刻)되는 경우가 흔했습니다. 해당 기업의 취약한 국제경쟁력, 기술력 및 노하우 부족, 낮은 현지화 수준 등이 복합적으로 작용해 부실 시공 시비에 휘말린 사례가 없지 않습니다. 사정이 이렇다 보니, 일부 국가에서는 경제적 공영을 지향하는 일대일로 프로젝트가 도리어 반중 정서를 자극하는 토양이 되기도 했습니다.

미국을 필두로 한 서방에서는 이런 사업 과정의 취약점을 파고들어 일대일로를 '부채의 함정(Debt Trap)'으로, 여기에 투자된 중국 자본을 '악덕 사채업자'로 폄하하면서 대대적인 공세를 펼치고 있습니다. 일대일로의 과도한 인프라 개발로 인해 상대국이 빚을 지고, 그 대가로 중국이 정치·안보적 이익을 얻어간다는 미국의 공세는 바로 이 지점을 조준하고 있습니다. 감당하기 힘든 부채를 제공한 뒤, 상대국을 '부채의 함정'에 빠지게 해 사실상의 경제적 속국으로 만들려는 게 중국의 숨겨진 속셈이라는 공격입니다.

이런 서방의 악의적인 공격 논거로 흔히 거론되는 사례가 스리랑카의 디폴트 선언과 파키스탄의 국가 부도 위기, 앙골라의 산업 붕괴입니다.

관광업 비중이 높은 스리랑카는 코로나 19 팬데믹 등으로 관광객이 급감하면서 외화 보유고가 바닥나고 경제난에 직면했습니다. 이는 해외 노동자의 송금액이 줄어들고 라자팍사(Gotabaya Rajapaksa) 정부의 무리한 국채 발행과 포퓰리즘 정책이 복합적으로 작용한 결과입니다. 중국으로부터 차관을 도입해 벌인 일대일로 프로젝트가 외채 증가와 경제 불안정성을 키웠고, 결국 2022년 4월 일시적 디폴트를 선언했습니다. 2023년 3월 IMF로부터 약 29억 달러의 구제금융을 제공받았고, 증세와 에너지 보조금 폐지 등 긴축 정책을 펼쳐야 했습니다. 이 와중에 위크라마싱하(Ranil Wickremeshinghe) 정부가 들어섰다가 2024년 대통령 선거에서는 '좌파' 정치인 아누라 쿠마라 디사나야케가 대통령에 당선되는 등 정권이 바뀌기도 했습니다. 스리랑카의 경제는 여전히 취약한 상황이며, 2024년 11월 현재 IMF는 3차 지원 프로그램을 승인해준 상황입니다.

파키스탄 역시 사정이 크게 다르지 않습니다. 파키스탄은 2013년부터 일대일로 프로젝트 차관으로 도로, 철도, 송유관 등 대규모 인프라 투자를 시작했습니다. 특히 중국-파키스탄 경제 회랑(經濟回廊, CPEC: China-Pakistan Economic Corridor)은 그 대표적인 사업으로 시장 접근성, 지역 연결성 및 무역량 증가에 획기적으로 기여할 게임 체인저(Game Changer)로 기대되었습니다. 중국 신장위구르자치구의 도시 카슈가르에서 파키스탄 남부 해안 도시 과다르까지 잇는 것을 목표로 철도, 도로, 항만 전력망, 송유관, 인터넷 통신망 구축 사업이 진행되었습니다. 중국이 중동산 원유를 과다르항에서 환적(換積)해 CPEC를 통해 운송할 경우 현재 말라카 해협을 지나는 1만 2,000km 거리를 2,395km로 단축할 수 있기에 중국 입장에서도 기대가 컸을 것입니다.

하지만 CPEC는 파키스탄의 일자리 창출이나 경제성장으로 이어지지 않았고, 오히려 그로 인한 외채 부담과 코로나 19 대유행의 영향으로 2019년부터 IMF 구제금융으로 근근이 버티고 있는 형편입니다. 여기다가 2022년에는 국토 3분의 1이 물에 잠기는 전대

그림 1 중국-파키스탄 경제 회랑 지도

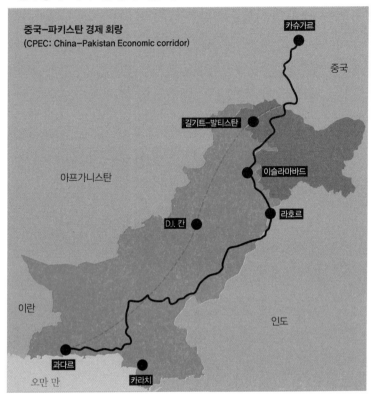

미문의 대홍수까지 겹쳐, IMF의 추가 지원을 받는 등 국가 부도 위기에 내몰리고 있습니다. 중국과 파키스탄이 일대일로 양해각서를 체결한 2013년, 598억 달러였던 파키스탄의 대외 부채는 현재는 1,240억 달러로 불어났는데, 이 부채 총액 가운데 300억 달러는 중국에 진 빚입니다.

게다가 파키스탄의 수출이 정체되면서, 중국과 베트남이 각각 두 배와 세 배의 무역 성장을 경험한 2005~2022년 파키스탄의 글로벌 무역 비중은 0.15%에서 0.12%로 오히려 하락했습니다. 파키스탄의 수출 경쟁력이 하락세를 면치 못하는 동안 주요 경쟁국인 방글라데시의 비중은 글로벌 수출 총액 기준 0.06%에서 0.19%로, 인도의 비중은 0.61%에서 1.65%로, 베트남의 비중은 0.14%에서 1.17%로 크게 증가했다는 사실은 파키스탄 정부 입장에서 뼈아픈 대목입니다. 반대로 중국 입장에서는 파키스탄의 불안한 안보 상황이 문제로 느껴질 것입니다.

앙골라는 아프리카의 '자원(資源)' 부국입니다. 하지만 '자본(資本)'이 부족했기에 중국의 일대일로에 참여하면서 연간 GDP의 40%에 해당하는 한화 약 57조 원을 중국으로부터 빌렸습니다. 중국에 자원 개발권을 내준 대가로 중국 자본을 들여와 인프라를 짓고 있는데, 이게 또 말썽입니다. 산업 기반이 취약한 탓에 중국 자본으로 중국산 원자재를 들여와 중국인 노동자를 이용해 공사를 하다 보니, 앙골라 산업이 쑥대밭이 되었다는 지적이 나옵니다. 게다가 중국이 앙골라에 철도를 건설한 후 역사 내 컴퓨터 비밀번호를 가르쳐주지 않는 등 '실수'를 하는 사건이 벌어지면서, 미국의 지원을 받는 스위스-포르투갈-벨기에 컨소시엄이 2022년 중국을 제치고 앙골라에서 '로비토 회랑' 철도 운영권을 확보하기도 했습니다.

로비토 회랑은 광물이 풍부한 내륙 콩고와 대서양에 인접한 앙골라의 로비토 항구를 잇는 철도 물류망입니다. 여기에 앙골라 50만 가구에 전력을 공급하는 태양열 에너지 프로젝트를 추진하면서 미국산 무기 수출을 위한 협상을 개시하는 등 미국이 앙골라에 공을 들이는 것은 경쟁자인 중국을 견제하기 위해 너무나도 당연한 전략입니다. 한편 2024년 3월 앙골라의 주앙 로렌수 대통령의 중국 방문을 계기로 양국 관계가 '전면적 전략 협력 동반자 관계'로 격상(格上)되기는 했지만, 미국과 중국의 각축전에서 앙골라가 어떤 입장을 취할지는 좀 더 지켜봐야 할 것입니다.

그러나 이상과 같은 사례는 일면일 뿐, 많은 일대일로 사업이 순항하고 있는 것으로 전문가들은 평가합니다. 이런 사업의 대부분이 이전부터 해당 국가의 필요에 따라 기획된 것으로, 재정 사정상 착수하지 못한 경우가 많았습니다. 그렇기에 다수 국가에서 중국의 일대일로 제안은 '가뭄에 단비' 같은 존재로 받아들여졌을 것입니다. 150여 개에 이르는 참가국 숫자와 세계 인구의 75%가 포함된다는 사실이 이를 입증합니다.

사실 중국이 일대일로 프로젝트를 추진한 동기는 서방의 편견처럼 국제정치나 외교적 필요보다는 내부의 사회경제적 수요에 방점이 찍혀 있는 것으로 보입니다. 그건 아마도 이미 고도 성장기를 지난 중국 경제 및 중국 사회가 당면한 현실과 미래상에 대한 고민과 무관하지 않았을 것으로 보입니다.

여기에는 2010년대 초반의 과잉생산 해소를 위한 시장 확보, 실업 대책, 개혁·개방에서 소외됐던 서부 지역의 동력 확보를 통한 선부론(先富論)의 보완, 위안화의 국제화를 위한 초석 마련, 달러 중심의 외환 보유고를 자원과 인프라 투자로 활용 다변화 등의 모색이 담겨 있습니다. 또한 대상 지역 국가들과의 밀접한 교류를 통해 미국의 인도-태평양 전략과 이로 인한 봉쇄를 우회하는 것은 물론이고, 중국의 경제성장 경험을 공유하는 과정에서 지역 국가들에게 중국만의 매력을 어필하면서 소프트 파워(연성 권력)를 강화하는 외교적 성과도 부차적으로 기대했을 것입니다.

"2023년에는 일대일로(一帶一路)의 질 높은 발전을 추진해야 한다."

지난 2022년 12월 시진핑 주석은 일대일로의 전략 변화를 예고했습니다. 기존 일대일로 사업의 중심이었던 차관을 통한 인프라 건설을 줄이는 대신, 유망한 현지 기업에 중국 기업이 직접 자본을 투자하도록 정책 기조를 바꾼 것입니다. 이에 따라 재정 위기를 겪고 있는 지역에 대한 중국 자본의 투자는 급감하고, 리스크가 덜한 동아시아와 중동·남미·유럽에 대한 중국의 투자가 급증하는 추세입니다.

불꽃 튀는 미·중 경제 전쟁의 틈바구니에서 새롭게 변신한 일대일로 정책이 '함께 파이를 나누는' 공동 번영(共同繁榮)이라는 본래의 목표를 향해 순조롭게 나아갈지 지켜볼 일입니다.

미·중 경제 전쟁의 도화선이 된 '중국제조 2025'

중국 전통의 비패권주의에 대한 서방의 의구심을 유발한 두 번째 정책 요인은 '중국제조(中國製造) 2025'입니다. 출발 시기를 기준으로 편의상 두 번째로 배치했을 뿐, 사실 이 '중국제조 2025'가 중국이 세계의 패권을 장악하려 한다는 서구 세계의 우려와 견제 심리를 최고조로 끌어올린 가장 핵심적인 요인입니다. 미국이 앞장서서 중국에 대한 세계의 불신과 견제 움직임을 추동하고 있습니다. 일대일로 프로젝트가 서방이 괜한 시비를 걸어온 것이라면, '중국제조 2025'는 중국에서 먼저 서방을 자극한 전략이라고 비유할 수 있습니다.

일각에서 '신냉전(新冷戰)'이라 표현할 정도로 치열하게 맞붙은 미·중 간의 경제 전쟁도 알고 보면 이 '중국제조 2025'가 계기로 되어 표면화한 것이라 할 수 있습니다. 두 나라 갈등의 중심에는 첨단산업의 기술 주도권을 둘러싼 경쟁이 자리 잡고 있고, 서로 무역상의 규제와 보복을 주고받는 양상으로 전개되고 있습니다. 그런 점에서 현재 시행 중인 '국민경제와 사회발전 14차 5개년 규획'(2021~2025년, 14·5 계획)에서 '중국제조 2025'처럼 기술 패권의 의지를 여과 없이 드러냈던 정책을 뺀 것은 중국 지도부의 현명한 판단이라 할 수 있습니다.

2015년 봄 중국 정부가 발표한 '중국제조 2025'는 '세계의 공장'이라 불리던 중국 경제의 질적 성장을 위한 산업 전략입니다. 중국이 전통적으로 비교우위를 가졌던 제조업을 4차 산업혁명의 첨단 기술과 결합해, 노동 집약적인 저부가가치 산업에서 기술 집약적인 고부가가치 산업으로 바꾸는 것을 목표로 했습니다. 원래는 30년 장기 혁신 계획의 첫 단계로 입안했지만, 미·중 갈등이 격화되는 와중에서 30년 장기 계획 전체가 예정대로 추진될지는 미지수입니다.

'중국제조 2025' 전략의 핵심은 미래 성장 동력이 될 10대 첨단산업을 육성하고, 이를 통해 핵심 기술 및 기초 소재의 국산화율을 2025년까지 70% 수준으로 끌어올리겠다는 데 있었습니다. 첨단산업의 국산화를 추진해 원천 기술과 소재의 해외 의존도를 줄이겠다는 것입니다. 미래 청사진을 제시하고 이를 추동하는 것은 국가의 당연한 의무이자 권리입니다. 표면적으로만 보면, '중국제조 2025'는 주권국가인 중국의 정당한 정책 추진으로 볼 수 있습니다.

문제는 이 과정을 국가 주도로 공세적으로 진행한다는 데 있습니다. 일례로 '중국제조 2025' 전략 발표 당시, 현대 첨단산업의 핵

표 3 '중국제조 2025' 10대 산업 발전 계획

신에너지 자동차	전기차, 연료전지차 및 배터리 등 부품 개발
첨단 선박 장비	심해 탐사, 해저 정거장, 크루즈선 등 개발
신재생 에너지 장비	신재생 에너지 설비 등 개발
산업용 로봇	고정밀/고속/고효율 수치제어 기계 개발, 산업용/헬스케어/교육/오락용 로봇 개발
첨단 의료 기기	원격 진료 시스템 등 장비 개발
농업 기계 · 장비	대형 트랙터와 수확기 등 개발
반도체 칩 (차세대 정보기술)	반도체 핵심 칩 국산화, 제조 설비 공급, 5G 기술, 첨단 메모리 개발, 사물인터넷(IoT), 빅데이터 처리 앱 개발
항공우주 장비	무인기, 첨단 터보 엔진 등 개발, 차세대 로켓, 중형 우주 발사체 개발
선진 궤도 교통 설비	초고속 대용량 궤도 교통 설비 구축
신소재	나노 그래핀(Nano Graphene) 초전도체 등 첨단 복합 소재 개발

심 부품인 반도체의 중국 자급률은 10%에 불과했습니다. 이 비율을 10년 만에 70%까지 올리려면, 국가의 전폭적인 지원과 적극적인 개입이 필수적입니다. 초대형 첨단 장치 산업인 반도체 산업의 특성상 정상적인 시장 논리로는 달성할 수 있는 목표가 아닙니다. 자유주의 무역에 기초한 서방의 불만과 위기감이 고조된 것이 바로 이 지점에서였습니다.

중국 정부는 실제 '중국제조 2025' 전략에 입각해 자국 기업에는 각종 보조금과 혜택을 주며 지원하는 우대 정책을, 중국에 진출한 외국 기업에는 핵심 기술의 이전을 요구하는 규제 정책을 펴왔습니다. 중국의 이런 차별 정책은 세계가 하나의 시장으로 재편된 오늘날에는 시장 질서를 교란하는 심각한 불공정 행위로 치부될 소지가 다분합니다.

아직은 불완전하지만, 각국의 무역 문턱을 낮추고 궁극적으로는 모든 무역 규제의 철폐를 향해 나아가고자 하는 게 WTO 체제의 시대정신(時代精神)입니다. 중국은 세계 제2위의 경제 대국이면서 WTO 회원국이기도 합니다. 이런 위상을 가진 중국이 자국 우선주의에 입각한 '중국제조 2025'를 밀어붙이는 것은 필연적으로 다른 나라와 반발과 희생을 수반할 수밖에 없습니다. 미국과 일본, EU 등이 반발하는 것은 예정된 수순에 가깝습니다.

중국의 세계적 통신 장비 제조업체 화웨이(華爲技術有限公司 Huawei Technologies Co. Ltd.)는 역설적이게도 '중국제조 2025'의 최대 수혜자인 동시에 최고 피해자였습니다. 중국 정부의 정책에 발

맞춘 공격적인 투자로 5G 시장을 선점했던 이 회사는 미국의 트럼프 행정부가 첫 타깃으로 삼은 중국 기업이었습니다. 미국 정부가 2019년부터 미국 기업과 미국의 기술 및 장비를 사용하는 해외 반도체 기업들을 대상으로 화웨이(자회사 포함)에 대한 판매 금지 및 납품 제한 조치를 내린 바 있습니다.

이보다 1년 앞서 중국산 일부 제품에 당시 세계 평균 관세율(4.8%)의 5배에 이르는 25%의 고율 관세를 부과해, 미·중 경제 전쟁의 포문을 연 데 이은 두 번째 조치였습니다. 악성 코드를 통한 기밀 유출 등 명목은 국가 안보상의 위협이었지만, 실제로는 화웨이 관련사들의 글로벌 공급망을 흔들기 위한 조치였습니다. 미국 정부는 중국산 제품과 중국 기업에 대한 제재(制裁)에 돌입하면서, 이 공격이 '중국제조 2025' 정책을 겨냥한 것임을 분명히 했습니다.

오늘날 국내외 시장에서 거래되는 거의 모든 공산품은 여러 나라에 걸쳐 소재·부품·장비의 공급망이 분산되어 있습니다. 따라서 하나의 제품을 생산하기 위해서는 여러 국가와의 협업이나 다양한 기술의 조합은 필수적입니다.

화웨이의 스마트폰을 예로 들어보겠습니다. 기기는 자사에서 생산하더라도, 운영 시스템이나 반도체 같은 원천 기술과 기본 소재는 미국 회사의 것을 쓸 수밖에 없습니다. 또 스마트폰의 핵심 부품들은 대만의 파운드리 업체인 TSMC(Taiwan Semiconductor Manufacturing Co., Ltd. 臺灣積體電路製造股份有限公司)에 생산을 위탁

해 탑재해왔습니다. 그런데 미국의 제재 조치로 이런 공급망에 구멍이 나 버린 것입니다.

이렇듯 '중국제조 2025'는 그 반작용으로 미국의 무역 보복을 불러와 표류하고 있습니다. 중국이 세계 경제 패권을 장악하려 한다는 국제사회의 쓸쓸한 의혹만 남긴 채, 소기의 목적을 달성하기 어려운 환경에 처하게 된 것입니다. 핵심 사업의 하나였던 반도체 굴기(崛起)에도 급제동이 걸렸습니다. 2020년 중국의 반도체 자급률은 15.9%에 그쳤습니다. 당초 목표했던 40%의 절반에도 못 미치는 초라한 수치입니다.

어쩌면 시기의 문제였을 뿐, 자본주의 경제 원리상 중국과 미국이 언젠가는 충돌할 수밖에 없었을지도 모릅니다. 또한 G2의 충돌 요인을 '중국제조 2025' 정책에서만 찾는 것도 온당하지 않습니다. 방향이 잘못됐으면 바로 잡으면 되고, 잘못이 있으면 고치면 되는 게 세상사의 이치입니다. 저는 중국이 그런 길을 찾을 수 있으리라 기대합니다.

'전랑(戰狼·늑대전사) 외교'라는 공세적 외교 스타일의 부작용

2022년 연말부터 2023년 상반기까지 10년 만에 중국 외교를 상징하는 얼굴이 일시적으로 바뀐 적이 있습니다. 전임 왕이(王毅) 외교부장의 뒤를 이었던 인물은 연부역강(年富力强)한 친강(秦剛) 당시 주미 중국대사였습니다. 50대인 친강은 중국 지도부에서 최연소로 부총리급에 오른 '중국 외교가의 총아(寵兒)'였지만, 임명 207일 만에 석연치 않은 이유로 해임되면서 사상 최단기 외교부장이라는 불명예를 기록한 인물이기도 합니다. 그의 해임 사유는 정확히 밝혀진 바는 없지만, 중국 외교의 방향과는 무관하다는 사실만은 분명하다고 합니다.

중국 외교가에서 친강은 이른바 '전랑(戰狼·늑대전사) 외교'의 원조라 불리는 인물이었습니다. 그는 외교부 대변인 시절부터 거칠고 직설적인 언사를 마다하지 않는 것으로 유명했습니다. 주미대사 재직 중에는 미국 관료들과의 화상회의에서 "견해차를 해결할 수 없다면 미국은 제발 입을 닥치라"고 호통친 일화가 인구에 회자(膾炙)됩니다. 신중하고 간접적인 표현을 선호하는 외교 문법에서는 보기 드문 일입니다.

친강 부장은 2023년 4월에도 일본과 한국을 상대로 '막말' 퍼레이드를 펼친 적이 있습니다. 중·일 외교 장관 회담에서 '호랑이 앞잡이 노릇을 한다'는 뜻의 '위호작창(爲虎作倀)'이라는 강한 표현을 써서 미국의 대중국 견제에 적극적인 일본을 비난했습니다. 중국 외교부의 한 행사에서는 "대만 문제를 두고 불장난을 하는 사람은 불타 죽을 것"이라는 독설(毒舌)에 가까운 공개 발언을 했는데, 이는 "힘에 의한 대만해협 현상 변경에 반대한다"고 한 한국 윤석열 대통령의 인터뷰를 겨냥한 것으로 해석됩니다.

사실 '대만 불장난 발언'은 시진핑 주석이 2021년 미·중 정상회담 등에서 이미 여러 차례 쓴 표현을 친강 부장이 되풀이한 것이기

친강 전(前) 외교부장

는 합니다. 발언의 수위가 높기는 하지만, 중국이 대만 문제를 '핵심 이익 중의 핵심'으로 간주하고 있다는 표현일 것으로 저는 받아들입니다.

'전랑 외교'란 중국 특유의 공세적 외교 스타일을 가리키는 말로, 중국의 애국주의 액션 영화 〈전랑(戰狼)〉 시리즈에서 유래했습니다. 중국 인민해방군 특수부대의 활약상을 그린 이 영화의 헤드카피는 "범아중화자 수원필주(犯我中華者 雖遠必誅)"입니다. "나의 중국을 범하는 자는 아무리 멀리 있어도 반드시 주살한다"는 뜻입니다. 《자치통감(資治通鑑)》에 기록된 한나라 장수 진탕(陳湯)의 "강한 한나라를 감히 범하는 자는 비록 멀리 있더라도 반드시 주살한다(明犯强漢者, 雖遠必誅)"라는 말을 조금 변형한 것입니다.

'늑대전사'라는 말에서 보듯, 전랑 외교는 점잖고 부드러운 외교

　　　　　　　　　2025 중국에 묻는 네 가지 질문

방식을 지양(止揚)합니다. 강한 경제력과 군사력을 배경으로 경제 보복과 무력시위를 마다하지 않는 공세적인 외교 방식을 지향(志向)합니다. 관련국과의 갈등을 공격적이고 강경하게 처리하려는 시진핑 시대의 외교 전략인 셈이지요. 그 일선에 직설적인 화법을 서슴지 않거나 과감한 행동을 벌이는 다수의 외교 전사들이 자리 잡고 있습니다.

외교관의 세계엔 '외교적 수사(修辭)'가 있습니다. 같은 말도 가급적 에둘러서 부드럽게 표현하는 방식을 말합니다. 특히 한 나라를 대표해 다른 나라에 주재하는 외교관은 공개되는 발언 하나하나마다 신중에 신중을 기하는 것이 일반적입니다. 자국의 입장을 적절히 대변하면서도 주재국의 여론을 의식하지 않을 수 없기 때문입니다. 민감한 사안에 대해서는 최대한 절제된 표현을 사용해 발언하고, 우호와 친선을 더 많이 강조하는 게 통상의 외교 문법입니다.

그런데 근년 들어 문제가 된 중국 외교관들의 일련의 발언은 정반대의 양상을 보였습니다. 비록 단기간에 낙마하긴 했지만, 10년 만에 이뤄진 외교 수장의 교체를 외부에서는 중국이 '전랑 외교'의 강화에 나선 신호로 받아들일 수밖에 없는 상황이 전개되었던 것입니다. 현재진행형인 이런 중국의 공격적인 외교 행보가 외부 세계에서는 앞서 열거한 일대일로 및 '중국제조 2025'와 겹쳐지는 것은 자연스러운 일입니다. 이 말은 '전랑 외교'가 유구한 비패권주의의 전통을 지닌 중국이 이제 패권 추구의 길로 들어섰다는 외부 인식의 근거로 작용할 수 있다는 뜻입니다.

2023년 전반기까지 주프랑스 중국대사로 재직했던 루사예(盧沙野)는 전랑 외교의 대표 주자 중 한 사람이었습니다. 코로나 19가 확산되던 시기 주프랑스 중국대사관 홈페이지에 코로나 19에 대한 서방의 대응을 '느림보'라고 비판하면서, 프랑스의 양로원 직원들이 "한밤중에 자신의 임무를 포기해 수용자들을 굶고 병들어 죽게 했다"는 주장이 담긴 글이 게시된 적이 있습니다. 주프랑스 중국대사관은 프랑스 국민의 거센 반감을 샀고, 루 대사는 프랑스 외무장관에게 초치(招致)당해 항의를 받아야 했습니다.

그런데 이것으로 끝이 아니었습니다. 같은 달 루 대사는 한 프랑스 라디오 방송 인터뷰에서 또 한 번 평지풍파(平地風波)를 일으키는 발언을 했습니다. "옛 소련 국가들의 주권을 구체화한 국제 합의

루사예 전(前) 주프랑스 중국대사

　　　　　　　　　　　　　2025 중국에 묻는 네 가지 질문

가 없기 때문에 이 국가들은 국제법상 유효한 지위가 없다"고 주장하면서, "크림반도는 역사적으로 러시아 영토의 일부였다"고 덧붙였습니다. 옛 소련에서 독립한 나라들의 주권에 의문을 제기하고, 러시아의 우크라이나 침공을 정당화하는 발언이었기에 후폭풍이 거셀 수밖에 없었습니다.

옛 소련 소속 공화국들은 물론 동유럽 국가들이 크게 분노하며 강력히 반발했고, 중국은 외교부 대변인을 통해 옛 소련 국가들의 '주권국가 지위'를 존중한다며 서둘러 진화에 나섰습니다. 프랑스 대사 자리에는 다른 사람이 내정됐고, 루사예는 사실상 외교 일선에서 물러나야 했습니다.

전랑 외교의 또 다른 선두 주자는 2022년까지 중국 외교부 대변인을 지냈던 자오리젠(趙立堅)입니다. 그는 미·중 갈등이 심화되고 코로나 19 바이러스가 창궐하던 시기에 '중국의 입' 노릇을 하며 국민적 인기를 누리던 스타 외교관이었습니다. 그는 외교 현안에 대한 중국의 입장을 때로는 거칠고 냉소적인 표현까지 써가면서 강경하고 명쾌하게 표명했습니다.

자오는 SNS 트위터를 전랑 외교의 플랫폼으로 적절하게 활용할 줄 아는 신세대 외교관이었습니다. 트위터가 중국에서 공식적으로는 차단된 상태임에도 불구하고 그의 팔로워 수는 수십만 명을 상회했고, 그가 트윗한 글이나 자료는 화제의 중심에 서는 경우가 많았습니다.

코로나 19 발생 초기에 미국, 호주 등의 서방 국가들이 코로나

자오리젠 전(前) 외교부 대변인

19의 전 세계 확산에 대해 '중국 책임론'을 제기한 적이 있습니다. 이에 대해 자오는 자신의 트위터 계정에 "미군이 우한(武漢)에 코로나 19를 가져온 것일 수도 있다"는 글을 올려 역공에 나섰지만, 구체적인 근거를 가지고 한 말은 아니었습니다. 중국과 호주의 외교 마찰이 격화되던 시기에는 호주 군인이 아프가니스탄 어린이의 목에 칼을 들이댄 합성 이미지를 트윗해 논란을 자초하기도 했습니다.

중국이 홍콩 야당 의원 4명의 의원직을 박탈한 것을 두고 영어권 5개국(미국, 영국, 캐나다, 호주, 뉴질랜드)으로 구성된 '파이브 아이즈(Five Eyes)'의 외교 장관들이 의원직 회복을 촉구하는 공동성명을 발표하자, 자오는 '늑대전사'다운 신랄한 브리핑으로 응수했습니다. "그들이 5개의 눈이 있든 10개의 눈이 있든 중국의 주권과 안보, 발전 이익을 해친다면 눈이 찔려 멀게 되는 것을 조심해야 할 것이다."

2023년 초 '스타 외교관' 자오리젠은 외교부 대변인직에서 물러나 동급의 다른 자리로 수평 이동했습니다. 비록 수평 이동의 외양을 갖추기는 했지만, 사실상의 강등입니다. 이로써 '전랑 투톱'이 모두 외교 일선에서 물러나는 모양새가 됐습니다. '전랑 외교'의 두 선봉장(先鋒將)이 교체되면서, 거칠고 공격적이던 중국의 외교 기조에 변화가 생기지 않겠냐는 관측이 나오기도 했습니다.

그렇지만 앞서 살펴본 대로 '전랑의 원조' 친강의 부상(浮上)이 보여주듯, 당분간 중국 외교 전략의 기조 자체의 변화를 기대하기는 어려울 것으로 보입니다. '전랑 투톱'의 후퇴는 아마도 전술적 숨 고르기 정도로 받아들여야 할 것 같습니다.

외교관은 일반인의 눈에는 '점잖고 예의 바른 사람'의 대명사로 꼽히는 직업입니다. '외교관과 늑대전사'. 참으로 어울리지 않는 형용모순(形容矛盾)의 조합입니다. 그런데 중국 외교관들은 어쩌다 이렇게 거칠고 험한 이미지의 '늑대전사'의 길을 걷게 된 것일까요?

사실 이런 중국 외교관의 투쟁적 이미지는 최근 들어 갑자기 만들어진 것이 아니라 혁명을 통해 집권한 중국 지도부의 생래적(生來的) 특성이기도 합니다. 중국혁명의 2인자이자 초대 총리였던 저우언라이의 "외교관은 군복을 입지 않은 군인이다"라는 말이 이 점을 잘 대변하고 있습니다. 이런 중국 외교의 잠재적 DNA가 '중국몽(中國夢)'의 실현을 기치로 내건 시진핑 주석의 집권 시기에 본격적으로 분출하기 시작했던 것입니다.

미·중 경쟁의 심화, 러시아와의 협력 필요성 증대, 주변국과의 영토 분쟁, 중국 내부의 애국주의 열풍 등의 내외 환경이 '늑대전사' 외교관 출현의 토양을 제공했습니다. 대만 문제, 중국 내 소수민족 문제 등의 '핵심 이익' 수호 문제에서 강력하게 대응하라는 2019년 최고 지도자의 주문으로 '전랑 외교'가 본격화되기 시작했습니다. 이는 중국 외교관들의 경력 관리 차원에서도 필요한 일이었습니다. 특히 외교부 내부의 직원 평가 보고서에 홍보 활동의 성과를 기재하도록 한 것이 큰 영향을 미쳤는데, 중국의 엘리트 외교관들을 SNS 활동과 방송 인터뷰에 적극 나서도록 독려한 셈입니다.

중국의 전랑 외교가 지닌 가장 큰 문제는 당사국 사이의 '말 폭탄' 교환이 끝이 아니라는 점입니다. 우리는 이미 국가 간 갈등의 골이 깊어져, 외교적 갈등이 경제 보복이나 무력시위로 연결되는 실제 사례를 여러 차례 목도(目睹)한 바 있습니다.

한국과 중국 사이에서는 2016년 사드 사태로 홍역을 치른 바 있고, 이때 내려진 중국 정부의 한한령(限韓令)은 오래도록 잔명을 유지해왔습니다. 2020년 말에는 호주가 중국에 코로나 19의 기원 조사를 요구했다가, 호주산 석탄과 쇠고기, 와인 등 10여 개 제품의 수입을 제한당하는 보복 조치를 당했습니다. 그뿐만 아니라 대만 문제와 남중국해나 인도 접경 지역 등 영토 분쟁 지역의 군사적 충돌 가능성도 여전합니다.

2023년 8월 24일 중국 정부(자연자원부)는 2023년판 표준지도에서 주변국과 영토 분쟁이 벌어지고 있는 지역을 대거 중국 땅에 포함시켜 관련국들의 반발을 샀습니다. 새 표준지도에서 중국 영역으로 편입된 분쟁 지역은 아래와 같습니다.

▶ 인도와 중국의 군사적 충돌이 벌어진 서부 신장(新疆)에 인접한 악사이친(Aksai Chin) 지구

▶ 인도가 실효 지배 중인 아루나찰 프라데시(Arunachal Pradesh)주 – 중국 이름은 남티베트, 즉 장난(藏南)

▶ 기존 9단선보다 한발 더 나아가 대만 동부 해역에 바짝 붙인 '10단선'에 근거한 남중국해 해역,

▶ 중국 북동부 헤이룽장강과 우수리강이 갈라지는 곳에 위치한 러시아령 볼쇼이우수리스키 섬 – 중국명 헤이샤즈다오(黑瞎子島)

인도, 필리핀, 베트남, 말레이시아, 브루나이, 러시아 등과의 분쟁이 불가피한 지역을 새로 자국 영토로 표기하는 대가로, 중국(1,045만km²)은 캐나다(998만km²)를 제치고 러시아(1,710만km²)의 뒤를 잇는 세계 2위의 국토 면적을 보유한 나라라고 주장할 수 있게 되었습니다. 미·중 경제 전쟁이 한창 진행중인 와중에 동시다발적인 국경 분쟁까지 더해지는 상황에서 정제되지 못한 전랑 외교는 자칫 중국의 적을 양산해내고 외교적 고립(孤立)을 자초할 수 있음을 유념(留念)해야 합니다.

'자본주의 정글'에 선 중국 경제

중국의 개혁·개방을 이끌어 현대 중국의 초석을 마련했던 '작은 거인' 덩샤오핑은 왜 "도광양회의 기조를 100년간 유지하라"고 신신당부했던 것일까요? 아마 뒤늦게 자본주의 시장경제를 도입하고 세계와 교류하기 시작한 중국의 미래에 대한 걱정 때문이었을 것입니다. 무엇보다 당부의 핵심은 중국 경제의 몸집과 체질이 국제무대에서 충분한 경쟁력을 갖출 만큼 커지고 튼튼해질 때까지, 준비하면서 인내하고 은인자중(隱忍自重)하라는 데 있었을 것입니다.

그런데 '사회주의자' 덩샤오핑의 '도광양회' 전략이 중국을 최강의 경제 대국으로 끌어올려 세계의 패권을 휘두르는 것에 목적을 두고 구상한 것은 아니라고 저는 믿습니다. 개혁·개방은 자본주의의 정글에서 지속 가능한 중국 경제의 견실한 체격과 체질을 갖추기 위해 필요불가결한 선택이었을 것입니다.

하지만 덩샤오핑의 구상은 이 지점에서 끝나지 않았습니다. 그는 끊임없이 정글 자본주의의 약육강식 원리가 아닌, 사회주의적 호혜 정신에 입각한 새로운 국제 경제 질서의 틀을 모색했던 것으로 보입니다. 전통적인 농업 국가였던 중국이 그런 단계에 진입하기 위해서는 적어도 한 세기에 준하는 숙성의 시간이 필요하다고 본 것이지요.

1978년 덩샤오핑이 '흑묘백묘론(黑猫白猫論)'과 '선부론(先富論)'

을 외치며 개혁·개방의 불을 지핀 이래, 45년 동안 중국은 '천지개벽(天地開闢)'에 준하는 변화를 겪어왔습니다. 잠재적 실업에 시달리던 농촌 인구가 일자리를 찾아 도시로 몰려들었고, 값싼 노동력에 매력을 느낀 외국 기업들이 중국에 공장을 짓기 시작했습니다.

처음 중국 남부 연해(沿海)의 5개 도시에서 점(點)으로 시작했던 공업화의 물결은 중국 동부 해안을 따라 선(線)을 이루며 북상했습니다. 이후 중국 경제의 몸집이 점차 커져감에 따라 동부 해안의 선이 중국 내륙의 대도시들과 연결되면서 면(面)을 형성하는 경제 지도를 만들어냈습니다. 이렇게 중국은 '세계의 공장'으로 변모해왔던 것입니다.

특히 2001년 WTO 가입은 중국이 무역 강국으로 성장할 수 있는 발판을 마련해줌과 동시에, 거대한 중국의 내수 시장을 겨냥한 외국 자본의 진출을 가속화하는 고속도로 기능을 했습니다. 중국이 현재 실크로드 국가들과 진행하고 있는 '일대일로' 사업은 그동안에 축적된 자국 자본을 이용해 개발 소외 지대였던 서부 지역을 이들 국가와 연결시키고자 하는 프로젝트입니다. 초원과 사막, 설산으로 이뤄진 척박하고 황량한 서부의 오지에도 사람과 물자가 원활하게 오갈 수 있도록 하기 위함입니다.

개혁·개방 이래 2010년대까지 40여 년 동안 중국 경제가 연평균 10% 안팎의 고도성장을 계속하면서 중국 인민의 생활이 전반적으로 향상된 것은 물론, 중국의 국제적 위상도 크게 도약했습니다. 공산당 창당 100주년을 맞은 2021년 시진핑 주석은 중국 사회가 중산층이 주축인 사회에 도달했음을 의미하는 '샤오캉(小康) 사회'의 전면적 실현을 선언했습니다. 그러면서 덩샤오핑의 '선부론'을 대체할 새로운 국가 어젠다로 '공동 부유(共同富裕)'를 제창했습니다.

국제사회에서 높아진 중국의 위상을 극적으로 보여준 장면은 미국 주도로 만들어지고 미국이 발 벗고 나서 중국을 이끌었던 WTO의 사무총장 선거전에서 드러났습니다. 2021년 2월 WTO는 중국과 유럽연합(EU) 등이 지원한 아프리카 나이지리아 후보 응고지 오콘조이웨알라(Ngozi Okonjo-Iweala)를 새 사무총장으로 추대했습니다. 미국이 공개 지지했던 한국의 유명희 통상교섭본부장이 세의 불리함을 느끼고 중도 사퇴한 결과였습니다.

폭발적인 성장가도를 달려왔던 중국의 막강한 국력을 보여주

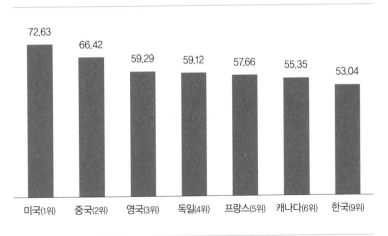

그림 2 2023년 기준 G20 국가의 종합 국력 순위와 종합 점수

미국(1위)	중국(2위)	영국(3위)	독일(4위)	프랑스(5위)	캐나다(6위)	한국(9위)
72.63	66.42	59.29	59.12	57.66	55.35	53.04

　　　　　　　　　　　2025 중국에 묻는 네 가지 질문

는 지표는 차고 넘칩니다. 그중 몇 가지만 열거해보겠습니다. 인구수 세계 1위(2022년 7월 1일 기준 14억 4,847만 1,400명, UN 추정치), 세계 1위 무역국, 국내총생산(GDP) 세계 2위, 외환 보유액 1위, 외국인 직접 투자(FDI) 유치액 2위.

2023년 한반도선진화재단이 국회도서관의 의뢰로 수행한 「국

표 4 2023년도 종합 국력 점수 미국 순위(발췌 요약)

	국가명		미국	중국	영국	독일	프랑스	캐나다	대한민국
종합 국력	점수		72.63	66.42	59.29	59.12	57.66	55.35	53.04
	순위		1	2	3	4	5	6	9
하드 파워	기초 국력		3	1	12	9	13	5	15
	국방력		1	2	6	10	7	15	5
	경제력		2	1	10	5	8	14	12
	과학기술력		1	7	2	5	8	6	4
	교육력		1	5	3	6	7	4	8
	환경 관리력		8	17	1	3	2	9	10
	정보력		1	13	2	4	11	7	3
	소계	점수	43.27	39.49	33.43	32.19	31.53	31.32	31.94
		순위	1	2	3	5	7	8	6
소프트 파워	국정 관리력		8	15	5	3	6	1	7
	정치력		2	1	7	3	4	9	11
	외교력		1	5	2	6	3	7	10
	문화력		1	2	9	5	4	8	10
	사회자본력		3	4	7	6	8	2	17
	변화 대처력		3	9	2	1	7	3	8
	소계	점수	29.36	26.93	25.86	26.93	26.13	24.03	21.10
		순위	1	3	5	2	4	6	10

가 전략 정보 활용을 위한 종합 국력 평가」에 따르면 1위는 미국, 2위는 중국, 3위는 영국 순이었습니다. [그림 2]는 한반도선진화재단의 연구를 발췌하여 정리한 것입니다.

GDP를 기준으로 중국이 세계 2위의 경제 대국으로 올라선 것은 2010년입니다. 그 이후 현재까지 미국에 이어 2위 자리를 꾸준히 고수하고 있는데, 미국과의 격차는 조금씩 좁혀져오는 추세를 보이다가 미·중 경제 갈등이 본격화된 이후로는 소폭의 등락을 보이고 있습니다. 2022년의 통계로는 미국 대비 중국의 명목 GDP 비율은 71%입니다.

그런데 구매력 평가(Purchasing Power Parity, PPP)를 비교한 결과는 다르게 나타납니다. 이에 따르면 중국은 이미 2016년에 미국 GDP를 앞섰다고 볼 수 있습니다. 2022년 PPP로 환산한 중국과 미국의 GDP는 각각 25.7조 달러, 21.6조 달러로 중국이 미국보다 19%나 규모가 더 큰 것으로 나타났습니다.[*]

2008년 베이징 올림픽을 앞두고 중국 경제 발전에 대한 여러 가지 긍정적인 추측들이 사람들의 관심을 모은 적이 있습니다. 특히 칭화대학(清華大學) 공공관리학원의 후안강(胡鞍鋼) 교수가 경제 실력, 과학기술 실력, 종합 국력 면에서 "2015년에는 중국 경제 총량

---

[*] 물론 국가 간 비교에 시장 환율 환산, PPP 환산 중 어느 것이 더 정확한 것인가에 대해서는 정답은 없습니다. 중요한 것은 국가 간 GDP 등의 경제지표를 비교할 때 신중히 해야 한다는 점인데, 영국 《파이낸셜타임스》의 경제 평론가인 크리스 자일스(Chris Giles)는 미국과 중국 두 나라의 경제를 비교할 때 시장 환율만으로 보지 말고 다양한 각도에서 봐야 한다고 주장합니다.

2025 중국에 묻는 네 가지 질문

이 세계에서 차지하는 비중이 17.5%에 이르러 미국에 근접하게 될 것"이며 "2020년에는 중국이 세계 최대의 경제 체제를 구축할 것"이라는 예측을 내놓자 많은 중국인이 민족의 부흥(復興)과 대국의 부상에 대한 기대감을 표명했습니다. 이렇듯 이전에는 중국이 1위 미국을 따라잡을 날이 머지않았다는 낙관적인 전망이 우세했지만, 최근 들어서는 세계 경제의 불확실성이 커지면서 장담할 수 없는 전망이 되어버린 듯합니다.

GDP 수치가 국력을 가늠할 수 있는 국가별 경제 규모를 나타내는 지표라면, 수출과 수입을 합친 교역량은 한 나라의 세계 경제에서의 비중이나 기여도를 더욱 정확히 파악할 수 있는 통계입니다. 2022년 전 세계 교역량은 32조 달러로 추정됐는데* 교역량 1위인 중국이 국제무역에서 차지하는 비중은 약 20%, 2위인 미국의 비중은 약 17%로 격차가 그리 크지는 않은 편입니다. 두 나라의 차이라면 중국은 수출액이 수입액보다 많은 구조이고, 미국은 그 반대라는 사실입니다.

마지막으로 눈여겨봐야 할 지표가 FDI 유치액 순위입니다. 중국이 2010년부터 미국을 추월해 10년 이상 우위를 지켜오다가, 최근인 2021년 들어 미국에 역전당한 지표이기 때문에 중요합니다. 코로나 19 팬데믹의 영향도 있었겠지만, 무엇보다 미·중 경제 갈등의 여파가 현실화하고 있음을 입증하는 사례입니다. 특히 미국 정

---

* 최근인 2023년 전 세계 교역량은 2022년보다 3% 줄어든 31조 달러가 될 것으로 추정.

부가 반도체, 전기차 등 첨단 분야 국내외 기업의 중국 투자에 불이익을 주는 등 대중국 견제 정책을 적극적으로 펼친 영향이 반영된 결과로 분석됩니다.

이상에서 살펴본 통계 수치는 어디까지나 국가 차원의 거시 지표에 지나지 않습니다. 세계 최대 인구와 세계 3위의 영토를 보유한 중국의 국가 규모를 생각하면, 그리 대단하게 내세울 만한 성과가 아닐 수도 있습니다. 중요한 것은 국민 개개인의 생활 수준과 삶의 질일 텐데, 1인당 GDP(명목)는 중국 인민들의 평균적 생활 수준을 가늠해볼 수 있는 유용한 지표일 것입니다.

2023년 4월에 발표된 IMF의 자료를 보면, 중국 인민들의 1인당 GDP(명목)는 1만 3,721달러입니다. 조사 대상이 된 195개 국가 가운데 64위에 해당하는 수치로, 세계 평균 1만 3,440달러를 살짝 넘은 수준입니다. 이 말은 중국 국민이 현실에서 체감하는 중국 경제의 현실은 세계 중위권에 갓 턱걸이한 수준에 불과하고, 그들의 민생이 80억 명의 지구 인구 중 40억 명 수준의 언저리에 자리 잡고 있다는 뜻입니다.

그런데 중국이 당면한 내부 문제는 1인당 GDP가 보여주는 수치 이상으로 심각합니다. 급속한 개혁·개방의 과정에서 동전의 양면처럼 수반됐던 부의 불평등 문제가 불거지기 시작한 것입니다. 중국 경제의 파이가 커지면 커질수록 지역 간, 도농 간 격차는 확대되었고 부의 편중과 소득의 양극화가 심화되었습니다.

2020년 리커창(李克强) 총리가 "중국인 1인당 연간 평균 소득은

그림 3 중국의 1인당 GDP 추이

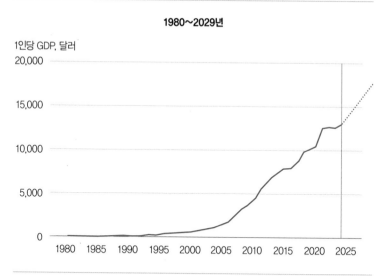

1980~2029년

1인당 GDP, 달러

출처: IMF

3만 위안(약 513만 원)에 달하지만, 14억 인구 가운데 6억 명의 월수입은 1,000위안(약 17만 원)에 불과하다"고 공개적으로 토로할 정도로 부의 불평등은 개혁·개방 시대의 고질적인 병폐였습니다. 더구나 이 문제는 사회주의 중국의 국가 정체성과도 연결되는 사안이 아닐 수 없습니다. 시진핑 주석이 서둘러 '공동 부유론'을 들고나온 배경이 이런 것이었습니다. 이런 상황에서 '세계 2위의 경제 대국'이라는 입에 발린 수사는 대다수 중국 국민의 입장에서 본다면 그야말로 속 빈 강정이요 외화내빈(外華內貧)의 전형이었을 것입니다.

중국을 두고 '경제 공룡' 운운하는 것은 중국을 견제하려는 서방의 과장된 호들갑에 지나지 않는다고 생각할 수 있습니다. 중국의 국력이 획기적으로 커지기는 했지만, 국민 생활의 전반이 윤택해지는 데까지 이르지 못했다는 것이 정확한 팩트일 것입니다. 몸집은 비대하되 체력은 허약한 사람의 상태에 비유할 수 있을 것입니다. 중국이 샴페인을 터트리기에는 아직 이릅니다.

앞서 중국 경제 부흥과 '미국 추월'을 주장한 후안강 교수의 경우 그 이론 모델과 데이터 모든 면에서 그가 예측하고 예언했던 현실과 크게 동떨어졌다는 비판을 받았습니다. 특히 2019년에는 1,000명이 넘는 칭화대 동문이 연명하면서 "그의 관점은 정책에 잘못된 영향을 줄 수 있다. 상식에 어긋나는 연구 결론을 냈다"라며 후 교수의 해임을 요구하기도 했습니다. 희망을 뒷받침하기 위해 논리를 바꾸는 것은 곡학아세(曲學阿世)와 다름없다는 이유를 들면서 말입니다.

국제 질서의 재편 과정에 선 중국과 미국의 선택

중국의 대외 정책 기조를 이해하기 위해 우리는 2024년도 양회(兩會, 전국인민대표대회와 중국인민정치협상회의)의 결정을 잘 살펴봐야 합니다. 시진핑 지도부는 중국의 달라진 대외 정책 변화를 강조하며 미국 중심의 단극 국제 질서가 아닌 새로운 다극화된 국제 질서 구축을 제시하고 있습니다. 정부 업무 보고에서는 2023년도 중국 특색 대국 외교를 전면적으로 추진하고 글로벌 협력 파트너십에 기여했다고 평가하였으며, 국제 및 역내 이슈를 해결하는 데 책임을 다할 것이라고 밝혔습니다. 중국은 더욱 평등하고 질서 있는 다극화 국제 질서 구축을 위해 러시아와 글로벌 사우스 국가들과 협력할 것이라고 강조하였습니다.

양회 기자회견에서 왕이(王毅) 외교부장은 2023년의 외교 성과를 되짚으며, 사우디-이란 간 화해, 우크라이나 평화 회담 중재, 이스라엘-팔레스타인 문제 해결 촉구 등에서 중국의 대외 노선 의지를 드러냈습니다. 시진핑 지도부는 미국과 서구 중심의 국제 질서가 쇠퇴하고 있음을 지적하며, 러시아, 브릭스, 상하이협력기구 및 글로벌 사우스 국가들과 경제-안보 협력을 강화할 계획을 밝혔습니다.

중국은 우크라이나와 중동 사태로 인해 국제 질서 변화가 불가피하다고 보고 있으며, 미국 및 서구 중심의 기존 질서 변화를 추동하겠다는 입장을 가지고 있습니다. 물론 일부 전문가들은 중국의 경제 발전을 위해 미국과의 우호적인 관계의 중요성을 강조하지만, 러시아 및 글로벌 사우스 국가들의 미국에 대한 기본 인식이 악화되고 있어 근본적인 변화를 요구하고 있습니다. 중국은 에너지 및 소비재 시장 확보의 차원에서 러시아 및 글로벌 사우스 국가들과의 협력을 강화하고 있습니다.

국제 질서의 불확실성이 높아짐에 따라 2035년까지 사회주의 현대화를 실현하기 위해 핵심 이익 수호를 강조하고 있으며, 시진핑 지도부는 보다 주도적으로 대외 정책을 추진하겠다고 밝혔습니다. 이번 양회에서는 평등하고 질서 있는 다극화 국제 질서를 추진하고, 소수 서방 국가들의 독점적 결정 구조를 변화시키겠다는 의지를 나타냈습니다. 중국은 러시아와의 전략적 관계를 강화하고 새로운 다극화된 국제 질서를 창출하는 데 주력할 것으로 예측할 수 있습니다.

2024년 11월, 미국의 제47대 대통령 선거에서 도널드 트럼프 전 대통령의 승리와 공화당의 의회 석권은 미국 정치사에서 중요한 전환점이 될 것으로 예상됩니다. 이는 공화당과 민주당 간의 단순한 정권 교체를 넘어, 미국 내 정치·경제 패러다임의 변화 가능성을 시사하기 때문입니다. 특히, 트럼프 당선이 신자유주의 시대의 종말을 알리는 신호가 될 수 있다는 점에서 그 의미는 더욱 크다고 하겠습니다. 신자유주의는 지난 수십 년간 미국 경제와 정책을 지배해온 주요 이념이었지만, 트럼프 당선은 이를 재검토하고 수정하려는 미국 사회의 욕구를 반영한다고 볼 수 있기 때문입니다.

신자유주의 시대의 몰락은 민주당 정권이 그간 추진해온 신자유주의 정책이 실질적으로 실패했음을 드러냅니다. 신자유주의는 글로벌화, 자유무역, 금융 중심주의 등을 핵심으로 하지만, 이 과정에서 미국 내 제조업의 쇠퇴, 빈부 격차의 심화, 그리고 중산층의 몰락이 발생했습니다. 이는 사회적 불만으로 이어졌고 트럼프의 보호무역주의와 미국 우선주의(America First) 정책이 대안으로 떠오르며 유권자들에게 강력한 지지를 얻었습니다.

그렇다면 트럼프의 정책은 신자유주의로부터의 근본적인 탈피를 의미할까요? 트럼프 행정부가 관세를 도입하며 보호무역주의로 전환하려는 시도를 보였지만, 그 본질은 민주당 정권과 크게 다르지 않습니다. 트럼프는 제조업 부활을 강조한 반면, 민주당은 금융 자본의 이익을 옹호하는 데 초점을 맞췄기 때문입니다. 따라서 정책적 차이는 방식과 초점의 문제일 뿐, 근본적인 방향은 미국 경제의 이익을 우선시한다는 점에서 유사합니다.

사실 미국의 제조업 쇠퇴는 역사적·구조적 이유가 복합적으로 작용한 결과라 할 수 있습니다. 제2차 세계대전 이후 미국은 세계 최대의 제조 강국이었으나, 냉전 시대 독일과 일본의 산업화를 지원하면서 미국 제조업의 우위는 약화되어갔습니다. 특히, 1985년 플라자 합의(Plaza Accord) 이후 일본 경제를 억제하며 미국은 제조업 대신 금융 중심의 경제 구조로 전환했습니다. 그 와중에 중국은 개혁·개방 이후 값싼 노동력을 기반으로 세계 공장으로 부상했고, 미국은 이를 통해 금융자본의 부가가치를 극대화했다고 볼 수 있습니다. 그러나 중국의 급속한 성장과 이에 따른 경쟁력 상승은 미국에 새로운 도전 과제이자 두려움으로 다가왔을 것입니다.

트럼프 행정부는 이러한 도전에 대응하여 중국 견제에 주력했습니다. 미국은 일본과의 플라자 합의에서와 같이 중국을 경제적으로 억제하려 했으나, 중국의 경제적·정치적 영향력이 일본과는 차원이 달랐습니다. 미국이 시리아·이라크·우크라이나에서의 자원 확보와 중앙아시아 에너지 통제를 통해 경제적 이익을 추구한 것도 중국 견제의 연장선으로 볼 수 있을 것입니다. 또한, 미국은 반도체 및 배터리와 같은 첨단 제조 역량을 자국 내로 끌어들이기 위해 한국과 대만을 활용하고 있는데, 이는 안보 의존도를 높여 협조를 강제하려는 전략으로 해석됩니다.

그러면 트럼프 이후의 세계는 어떤 방향으로 나아갈까요? 미국은 여전히 패권 국가로서 국제 질서를 주도하고 있습니다. 그러나 브릭스(BRICS: Brazil, Russia, India, China and South Africa)를 중심으로 한 중국과 러시아의 협력은 미국 주도의 질서에 도전하는 움직임으로 해석될 수 있습니다. 미국은 자신이 주도하는 질서를 유지하기 위해 경제적·군사적 수단을 총동원하며 그 이익을 극대화하는 경향을 보이는데, 이는 미국의 이상과 이념이 종종 경제적 이익과 맞물려 있다는 점에서 마키아벨리적 속성을 띤다 하겠습니다.

보호무역주의로의 회귀는 신자유주의의 종말로 보일 수 있지만, 미국은 이 두 가지를 혼합하여 활용할 가능성이 커 보입니다.

그림 4 브릭스 플러스

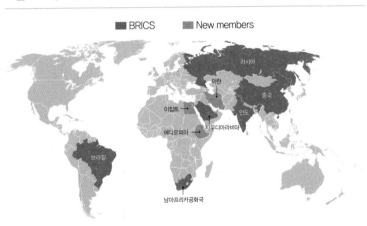

출처: European Parliament(2024)

2025 중국에 묻는 네 가지 질문

세계시장에 대한 접근과 금융자본의 이익을 유지하면서도 자국 제조업을 부활시키려는 복합적 접근은 앞으로 미국 경제 정책의 핵심이 될 것입니다.

한편, 2023년부터 최근까지 '중국 정점론(頂點論)'과 '중국 위기론(危機論)'이 글로벌 담론으로 떠올랐는데요. 중국 정점론은 중국의 경제적 한계를 강조하며, 구조적 문제로 인해 중국이 성장의 정점에 도달했다고 주장합니다. 반면, 중국 위기론은 단기적으로 중국이 경제적·정치적 위기에 처할 가능성을 제기하고 있습니다. 이는 주로 부동산 거품, 소비 위축, 청년 실업률 증가 그리고 시진핑 체제의 경직성 등 다양한 문제를 근거로 제시합니다.

그러나 중국 학계와 싱크탱크(Think Tank)들은 이러한 주장이 근거가 부족하다고 반박합니다. 예를 들어, 중국의 경제성장률은 2023년 기준 5.2%로 세계 주요 경제 대국 중 두 번째로 높은 수준을 기록했고 중국의 경제적 기반과 정책적 대응 능력을 고려할 때, 중국 위기론은 지나치게 단기적이며 과장된 시각이라는 반론도 설득력이 있습니다. 즉, '사실로서의 위기'를 반영한 '진짜 위기론'이라기보다는 '인식으로서의 위기'에 근거한 '가짜 위기론'일 가능성이 더 커 보입니다. 개혁·개방 이후 중국은 주기적으로 위기를 겪었지만 이를 잘 극복하며 발전을 계속해왔기 때문입니다.

결론적으로, 미국의 정치·경제적 변화와 중국의 도전에 대한 논의는 글로벌 질서의 재편과 밀접하게 연결되어 있습니다. 트럼프의 승리로 상징되는 미국의 보호무역주의와 자국 중심적 정책은 신

그림 5 **중국의 경제성장률 추이**(%)

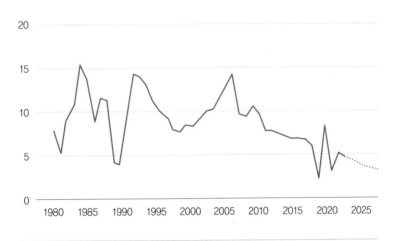

출처: IMF

자유주의 시대의 끝을 의미할 수도 있지만, 본질적으로는 미국 패권의 연속성을 보여준다고 생각합니다. 또한, 중국의 경제적 성장과 이에 대한 국제적 논쟁은 과거에도 그랬고 앞으로도 세계 경제와 정치의 주요 변수가 될 것입니다.

요즘 세계는 미국과 중국의 두 초강대국을 중심으로 한 'G2 체제'로의 재편을 강요당하고 있습니다. 그동안 '사회주의 시장경제체제'라는 새로운 길을 개척해왔던 중국이 자본주의 세계시장이라는 정글의 한복판에 외로이 서 있는 형세입니다. 이에 따라 수천년 전통을 자랑하는 중국 비패권주의의 운명도 시험대에 올라서게 되었습니다.

G2의 반열에 오른 중국이 국제사회에 국력에 걸맞은 영향력을

행사하려 든다면, 기득권 국가와의 마찰과 충돌은 피할 수 없을 것입니다. 이 과정에서 '사회주의' 중국이 패권주의라는 '호랑이의 등'에 올라타고자 하는 검은 유혹에 시달리게 되는 것도 불문가지(不問可知)입니다. 작정하고 준비하고 두 눈 부릅떠 대응하지 않는다면, 중국 지도부가 추구하는 '사회주의 현대화 강국'의 길이 자칫 방향을 잃고 표류할 수도 있습니다.

저는 중국이 공존공영(共存共榮)하는 대동세상(大同世上)의 길을 포기하고 승자독식을 노리는 패권 국가의 길을 가리라고는 믿지 않습니다. 그 길은 중국적이지도 않고 사회주의적이지도 않습니다. 선택은 온전히 중국의 몫입니다.

2장

중국에 대한 투자는 안전한가?

사회주의 정치 체제를 가진 중국에서 정치가 큰 틀에서 경제의 방향을 통제할 수는 있습니다. 그렇지만 국제정치나 외교상의 소소한 갈등을 공식적·비공식적 경제 보복으로 연결시키는 처사는 국력을 앞세운 횡포입니다. 외부에서 받아들이는 중국 리스크 중에서도 가장 크게 작용하는 것이 바로 이런 '달라이 라마 효과' 식의 '정치 리스크'입니다. 이런 식의 '정치 리스크'가 빈발하고 사례가 쌓여가면 중국 경제의 불확실성(不確實性)은 높아질 것이고, 그런 만큼 투자자들은 투자를 망설이게 될 게 자명(自明)합니다.

격화되는 반도체 분쟁

2024년 5월 중국은 미국 최대이자 세계 3위 메모리 반도체 기업인 '마이크론(Micron Technology, Inc., 美光科技有限公司)' 제품에서 '비교적 심각한' 사이버 보안 위험이 발견됐다며 중국 내 주요 시설에서 제품 판매를 금지하는 제재안을 발표했습니다. 미·중 반도체 분쟁이 격화되고 있는 가운데, 중국이 거대한 자국 시장을 무기로 반격에 나선 것입니다.

미국은 부당한 강압 제재라고 반발하며 한국 기업(삼성전자나 SK하이닉스 등)이 중국에 마이크론의 대체품을 공급하지 말라고 압력을 가하고 있습니다. 대중·대북 강경파인 마이클 맥콜(Michael T. McCaul) 미국 하원 외교위원장은 "한국 기업들이 중국에서 마이크론을 대체한다면 한·미 간 동맹이 약화될 것"이라며 엄포를 놓았습니다.

한국을 압박하기는 중국도 마찬가지입니다. 마이크론 제재에 앞서, 싱하이밍(邢海明) 주한 중국대사는 이재명 더불어민주당 대표와 만난 자리에서 "미국이 전력으로 중국을 압박하는 상황 속에 일각에선 미국이 승리하고 중국이 패배할 것이라는 데 베팅하고 있다"며 "이는 분명히 잘못된 판단이자 역사의 흐름도 제대로 파악하지 못한 것"이라고 불만을 드러냈습니다. 외교 관례에 어긋나는 도발적인 언사로, 미국에 경도된 한국 정부에 경고장을 날린 것입니다.

미·중 반도체 분쟁의 틈바구니에 낀 한국을 곤혹스럽게 하는 사건은 2023년 8월에도 벌어진 바 있습니다. 미국의 제재를 받고 있는 중국 기업 화웨이가 출시한 최신 스마트폰 '메이트60 프로'에 SK하이닉스의 메모리 반도체(D램과 낸드 제품)가 들어갔다는 보도가 나왔기 때문입니다. SK하이닉스는 "미국이 화웨이 제재를 시작한 후 화웨이와 거래하지 않고 있다"면서 미국 상무부 산업안전국에 신고한 후 경위를 파악 중이라고 밝혔지만, 후폭풍을 염려하지 않을 수 없습니다.

특히 미국이 2022년 10월부터 화웨이 등 중국 기업에 대한 첨단 반도체 장비의 수출 규제에 나서면서, 삼성전자와 SK하이닉스의 중국 공장에 대해서는 1년 동안 규제 적용을 유예한 바 있습니다. 규제 유예 시한인 2024년 10월을 앞두고 정부와 업계의 갖은 노력 끝에 유예 연장이 유력한 상황에서 터진 악재였습니다. 다행히도 이 문제는 바이든 행정부의 상무부가 두 한국 회사의 중국 공장을 '검증된 최종 사용자(VEU: Validated End User)'로 지정해 사실상 규제 연장을 무기한 유예함으로써 일단락되었지만, 트럼프 행정부가 들어서면 이마저도 다시 협상 테이블에 올려질 가능성이 큰 것으로 관측되고 있습니다. 예컨대 유예 시한을 단축하자고 요구해오는 시나리오를 예상할 수 있습니다.

여기다가 화웨이의 최신 스마트폰이 7나노미터(nm, 10억 분의 1미터) 공정의 반도체를 썼다는 사실이 알려지면서, 미국과 중국의 반도체 갈등의 골은 더 깊어지는 모양새입니다. 미국 정치권이 화웨이에 7nm 칩을 공급한 중국의 반도체 위탁 생산 업체(파운드리, 즉 반도체 생산 라인만 가진 업체) SMIC(Semiconductor Manufacturing International Corporation, 中芯國際集成電路製造有限公司)를 제재 위반 혐의로 전면 조사할 것을 주장하자, 중국 정부는 공무원과 국영 기업 종사자들에게 아이폰 사용 금지 조치를 내렸습니다.

아이폰 제조사인 애플의 중국 매출은 전체 매출의 18~19%로, 미국·유럽에 이어 세 번째로 큽니다. 애플에 납품하는 국내 반도체 부품 기업(삼성디스플레이, LG디스플레이, LG이노텍 등)들의 타격이 불가피하고, 중국에서 메모리 반도체 공장을 가동 중인 삼성전자와 SK하이닉스에도 불이익이 돌아갈 가능성이 없지 않습니다.

'고래 싸움에 새우 등 터지는' 한국

한국 속담에 "고래 싸움에 새우 등 터진다"는 말이 있습니다. 최근 벌어지고 있는 미·중 경제 전쟁이 한국에는 딱 그 짝입니다. 멀쩡했던 수출길이 막히고, 소재와 부품의 공급망에 차질이 생겼습니다. 영락없는 샌드위치 신세입니다. 더구나 그런 일이 '수출로 먹고사는 나라' 한국의 주력 산업인 반도체와 전기차 시장에서 벌어지고 있어서 더욱 당혹스럽습니다.

개혁·개방에 나선 중국이 2001년 WTO 가입과 함께 자본주의 시장경제에 본격적으로 편입된 이래, 세계시장에서는 이전에는 없었던 '중국 리스크'가 작동하기 시작했습니다. 14억 인구의 거대 시장이 열리면서 세계시장의 동향은 물론, 특정 상품의 생산과 소비를 좌우할 정도로 중국의 경제력이 커졌기에 벌어지는 일입니다.

예를 들면 2011년에 있었던 사례를 들 수 있습니다. 중국인들이 치즈를 먹기 시작하면서 주요 피자 생산국인 유럽의 재고 물량이 바닥나고, 국제 치즈 가격이 53%나 폭등하면서 그 피해가 한국 피자 가게들의 가격 상승 압박으로 전가되는 식입니다. 그렇더라도 이런 류의 리스크는 일시적인 수요 공급의 불일치로 나타나는 현상일 뿐입니다. 시장 메커니즘이 정상적으로 작동한다면 시간이 걸릴지언정 수요와 공급의 균형이라는 접점을 찾아가는 게 시장경제의 원리입니다.

정작 외부에서 더 심각하게 고려하는 '중국 리스크'는 이런 경제적 리스크가 아닙니다. 비경제적 분야에서 비롯된 문제를 엉뚱하게 경제적 보복으로 연결시키는 방식이 외부 투자자들의 의구심을 키우고 있습니다. 사드 배치를 둘러싼 한국과의 군사·외교적 갈등을 '한한령'으로 보복하고, 코로나 19의 기원 조사를 둘러싼 호주와의 외교 공방을 호주산 제품의 수입 제한으로 대응한 사례는 앞서 설명한 대로입니다.

이런 중국의 대응 방식은 독일 학자들에 의해 '달라이 라마 효과'라 명명됐는데, 요약하면 국제관계에서 중국이 싫어하는 행위를 하면 중국에 의해 경제적 손해를 보게 된다는 것입니다. 즉, 달라이 라마를 접견한 후 2년 정도의 단기적 후과(後果), 해당 정치 지도자의 출신 지역 상품에 집중, 명시적(明示的) 무역 제재가 아닌 비공

그림 6 중국의 해외 직접 투자와 외국인 직접 투자 추이(2000~2023년)

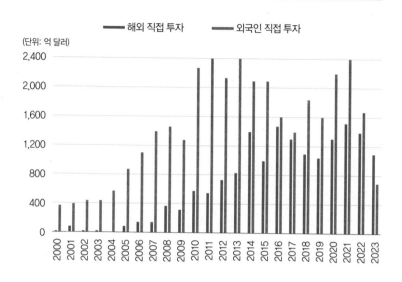

출처: 「2023년 중국 무역수지」, 인천연구원

식적(非公式的) 압박의 형태를 띠면서 정치적 요인이 경제에 영향을 미치는 대표적인 사례로 언급됩니다. 그렇지만 비경제적인 문제를 경제 영역으로 끌어들이는 건 장기적으로 보면 경제 주체들의 신뢰를 잃고 시장의 불확실성을 키우는 경제적 자살행위에 가깝습니다.

'팍스 아메리카나(Pax Americana)'와 '중국몽'의 충돌

"중국이 WTO에 가입하면 지배적인 무역 국가로 떠오를 것이며, 미국 내 모든 제조업 일자리가 안전하지 않을 것이다."

2001년 미국의 클린턴 행정부가 개혁·개방에 매진하던 중국을 WTO로 끌어들이기 위해 동분서주할 때, 압도적인 찬성 분위기 속에서 유독 적극적인 반대 의견을 피력한 사람이 있었습니다. 바로 통상 전문 변호사 로버트 라이트하이저(Robert E. Lighthizer)였는데, 그는 거대 중국의 잠재력(潛在力)을 깨닫고 일찍부터 경계했던 인물입니다. 참고로, 1999년부터 2011년까지 중국 등과의 경쟁에 밀려 사라진 미국 내 일자리가 240만 개에 달한다는 연구 결과도 나왔습니다.[*]

그런 그가 나중에 도널드 트럼프 1기 행정부의 무역대표부(USTR: United States Trade Representative) 대표로서 미국의 보호무역 기조와 대중 무역 강경론을 이끌게 됩니다. 이 시기에 그와 호흡을 맞춘 인물이 대중국 초강경론자인 피터 나바로(Peter Navarro) 국제무역위원회(ITC: the United States International Trade Commission) 위원장이었습니다. 이런 반중(反中) 성향의 인물들이 다수 포진한 트럼프 행정부에서 미·중 관계가 순탄하길 바라는 것은 무망(無望)한 일이었을 것입니다.

먼저 미·중 경제 전쟁의 포문을 연 것은 미국이었습니다. 2018년 7월 미국 정부는 중국 수입품 일부에 25%의 고율 관세를 부과하기 시작하고 중국도 이에 즉각 맞대응하면서 서로 보복관세를 주고받는 '관세 전쟁'이 펼쳐졌습니다. 이듬해 5월에는 인민해방

---

[*] 데이비드 오터(David Autor) 매사추세츠공대(MIT) 교수팀.

군과 연관된 '위장 스파이 기업'이 아니냐는 의심을 받아온 온 중국의 화웨이와 그 계열사를 블랙리스트에 올려 미국 기업과의 거래를 금지시켰습니다. 그뿐만 아니라 미국은 미국산 장비·소프트웨어를 사용하는 다른 나라 반도체 제조업체들의 화웨이 납품까지 통제하고 나섰습니다.

화웨이는 글로벌 이동통신 장비 분야에서 독보적인 점유율(2023년 기준 31.3%, 2024년 2분기 기준 36.8%)을 가진 업체로, 스마트폰 시장에서도 한국의 삼성전자, 미국의 애플과 선두를 다퉜던 기업입니다. 5G 원천 기술을 가장 많이 보유한 것으로 알려졌습니다.

사실 이러한 미국의 경제 도발은 미국에 트럼프 행정부가 들어서면서부터 예견된 것이기는 했습니다. 트럼프는 대통령 후보 시절이던 2016년 11월 중국산 제품에 45%의 징벌적 관세를 부과하겠다고 언급하는 등 자국 우선의 보호무역 정책을 펼치겠다고 공언(公言)해왔습니다. 자유무역협정(FTA) 재협상 등을 내걸어 신흥국에 자신들의 일자리를 빼앗겼다고 생각하는 전통 공업 지대(Rust Belt) 백인 노동자층의 정서를 파고든 것입니다. 대통령에 취임한 2017년에는 이른바 중국산 '짝퉁' 제품 등을 겨냥해 "지식재산권 도둑질"이라는 거친 말로 비난하면서 미 무역대표부(USTR)에 지식재산권 침해에 대한 조사를 지시함으로써, 미·중 무역 분쟁의 전운(戰雲)을 예고했습니다.

트럼프 발 무역 전쟁의 첫 대상은 중국이라는 '나라'가 아닌 철강과 알루미늄이라는 '제품'이었습니다. 트럼프 대통령은 2018년

3월 미국으로 수입되는 철강과 알루미늄 제품에 각각 25%, 10%의 고율 관세를 부과하는 명령에 서명함으로써 글로벌 무역 전쟁의 서막을 열었습니다. 비단 중국뿐만 아니라 EU와 일본 등 모든 철강·알루미늄 제품의 대미 수출국에 적용되는 '관세 폭탄'의 명분은 엉뚱하게도 국가 안보(國家安保)였습니다. 국가 안보를 이유로 수입을 제한할 수 있도록 한 「무역확장법」 232조가 법적 근거였습니다.

트럼프 행정부의 조치는 미국이 주도해 구축한 자유무역 중심의 세계 경제 질서를 미국이 앞장서 허물었다는 점에서 세계에 던진 충격은 컸습니다. EU와 중국 등이 보복관세를 통해 맞대응에 나선 것은 물론입니다.

트럼프 행정부가 이런 무모한 도발을 감행한 저변에는 중국의 심상찮은 급부상에 대한 미국의 불안감과 견제 심리가 깔려 있습니다. 두 나라의 GDP 격차가 해마다 줄어드는 데 비해 미국의 대중 무역수지 적자는 눈덩이처럼 불어나고 있었고, 미국의 제조업이 생산 기지를 해외로 옮기면서 미국의 일자리는 눈에 띄게 줄었습니다.

이런 상황에서 중국 정부가 '중국제조 2025'를 통해 산업구조를 고도화하고 첨단산업을 집중 육성해 기술적 우위를 선점하려한 것이 미국의 위기감을 자극했습니다. 중국이 미국 중심의 세계 경제 시스템을 허물고 자국 중심의 '새판 짜기'를 시도한다고 본 것입니다. 곧 중국의 '중국몽'이 '팍스 아메리카나'의 유일 패권을 대체하려든다고 받아들인 것입니다.

2025 중국에 묻는 네 가지 질문

미국을 비롯한 서방세계에는 중국 기업들이 시장 경쟁이 아니라 정부의 각종 지원·보조·혜택 등에 의지한 '불공정(不公正) 행위'를 통해 몸집을 키워왔다는 불신이 팽배해 있습니다. 대표적으로 거론되는 것이 중국 정부가 국영기업에 제공하는 각종 보조금과 세제 혜택, 중국에 투자한 외국 기업이 현지 업체와의 합작회사를 설립해야 하는 의무 조항 등입니다. 트럼프가 거론한 '짝퉁' 제품이나 기술이전 강요 같은 지식재산권 침해도 그중 하나입니다.

미·중 통상 전쟁의 폭발은 WTO를 매개로 한 미국과 중국의 경제적 의존관계가 파국에 이르렀음을 알리는 신호탄이었습니다. 중국의 WTO 가입으로 완전한 의미의 세계화가 달성되면서, 두 나라는 생산과 소비의 두 축을 각각 이끌면서 세계 경제의 파이를 키워오고 있었습니다. 중국은 세계의 생산 기지로 변해 갔고, 미국은 소비 시장의 '큰손'이 되었습니다. 낮아진 무역 문턱 덕분에 값싼 중국 제품들이 미국으로 쏟아져 들어왔습니다. 미국 사회는 풍요를 누렸고, 중국 금고에는 달러가 차곡차곡 쌓였습니다.

그렇게 20여 년의 호시절이 지나는 동안, 풍요와 고도성장의 그늘에 가려졌던 어두운 문제들이 드러나기 시작했습니다. 미국의 전통적 공업지대가 쇠락(衰落)의 길을 걸으면서 일자리가 없어지기 시작했고, 중국에서는 도농 간·지역 간·계층 간 소득 격차가 확대되면서 부의 불평등(삼중의 양극화 현상)이 심화되어 갔습니다.

이런 토양 아래서 미국에서 자유무역과 다자주의 경제 체제 옹호론이 힘을 잃고 보호무역과 자국 우선주의를 강조하는 목소리가 커져갔습니다. 중국이 축적된 자본의 힘으로 신(新)실크로드의 개척(일대일로)과 고부가가치 산업 육성(중국제조 2025)에 나서자, 미국 조야(朝野)는 중국에 세계의 패권을 빼앗길지 모른다는 위기감에 사로잡혔습니다. 극우 성향의 트럼프 대통령 등장은 이런 미국인의 위기의식이 투영된 정치 현상이었습니다.

미국의 입장에서는 무섭게 '굴기(崛起)'하는 중국의 기세를 꺾을 특단의 조치가 필요했을 것입니다. 1기 트럼프 행정부가 외국산 철강에 관세 폭탄을 던지고 중국 기업을 특정해 무역 제재에 나서면서 내건 명분은 국가 안보였습니다.

그러나 진짜 속내는 자유무역과 다자주의 혜택 아래서 급성장하고 있는 중국의 첨단산업을 글로벌 공급망에서 배제하기 위한 데 있었습니다. 미국이 가진 첨단산업의 기술 주도권을 결코 중국에 내주지 않겠다는 결연한 의지의 표현입니다. 제가 주중 한국대사로 재임하고 있던 2017년에 테리 브랜스타드(Terry E. Branstad) 주중 미국대사가 필자에게 "미국이 중국의 기술 패권을 용인할 수 없는 다섯 분야가 5G, 반도체, AI, 바이오, 양자 컴퓨팅"이라고 밝힌 대로입니다.

바이든 대통령이 대통령 후보 시절에 내놓은 통상 공약은 경쟁자 트럼프가 펼쳐온 기존 정책과 크게 차이를 보이지 않았습니다. 트럼프식의 충격적인 관세 부과 방식에는 반대했지만, 자국 중심의 통상 정책을 펼치고 대중국 압박 정책을 계속한다는 입장은 같았습니다. 보수화된 미국의 여론 지형을 의식한 공약이었을 것입니다.

표 5 미·중 통상(通商) 분쟁 경과

구분	시기	주요 내용	분쟁 강도
미·중 분쟁 1라운드 (2018년 2분기~2019년 3분기) 트럼프 행정부 경제적 이익 우선	2018년 5월	2차 미·중 협상 결렬	▲
	2018년 6~8월	1, 2차 대중국 고관세 부과	▲
	2018년 9월	3차 대중국 고관세 부과	▲
	2019년 4월	4차 대중국 고관세 부과	▲
	2019년 8~9월	중국 환율 조작국 지정 및 5차 관세	▲
스몰 딜(Small Deal)	2020년 1월	1단계 무역 합의	▼
바이든 대통령 당선	2020년 2~3분기	화웨이 제재, 블랙리스트 발표	▲
미·중 분쟁 2라운드 (2021년 1분기~2023년) 바이든 행정부 예방적 견제, 디커플링 → 디리스킹	2021년 2분기	블랙리스트 추가	▲
	2021년 12월	미·중 화상 정상회담	▲
	2022년 1분기	중국 기업 Delisting 경고	▲
	2022년 2분기	반도체 규제 공급망 구축	▲
	2022년 8월	펠로시 대만 방문	▲
	2022년 10월	중국공산당 제20차 당 대회	▲
	2022년 11월	미국 중간선거	▼
	2022년 11월	미·중 정상회담	▲
	2023년 2월	중국의 정찰용 무인 풍선 사건	▲
	2023년 6~7월	블링컨, 옐런 중국 방문	▲
	2023년 11월	APEC 정상회담	▼
	2024년 1월	대만 총통 선거	▲
중장기 미·중 분쟁	2024년 11월	트럼프 대통령 당선	▲

　　바이든 대통령은 취임 직후 반도체·배터리·바이오·희토류에 대한 공급망 검토를 명령했는데, 이들 품목에 대한 중국 의존도를 파악해 대비하려는 사전 포석이었습니다. 전임 정부에서 시작된 미·중 경제 전쟁의 전선을 유지하겠다는 의지를 표명한 것으로, 핵

심은 미래 전략 산업에서 중국의 우위를 허용하지 않겠다는 것에 있습니다.

바이든 행정부가 꺼내 든 대중국 견제 카드는 아이러니하게도 중국식 기업 지원 정책을 차용(借用)해 법제화하는 것이었습니다. 「반도체와 과학법(CHIPS and Science Act, CHIPS)」과 「인플레이션 감축법(Inflation Reduction Act, IRA)」이 두 축입니다. 두 법은 나란히 2022년 8월부터 시행되기 시작했는데, 미국 안에서 생산되는 반도체와 전기차 제품에 보조금을 지급하는 내용 등을 공통으로 담고 있습니다. 해당 제품의 글로벌 공급망에서 중국을 고립시키고 미국의 기술 경쟁력 우위를 강화하기 위해 만들어진 법이었습니다.

「반도체 지원법」이라고 불리는 CHIPS는 반도체 및 첨단 기술 생태계를 육성하기 위해 5년 동안 2,800억 달러를 투자하도록 규정한 법안입니다. 이 중에서 390억 달러가 미국 내 반도체 시설의 건립을 위한 예산인데, 미국에 반도체 공장을 짓는 기업에는 투자 금액의 25%까지 세금공제를 받을 수 있는 혜택을 제공하고 있습니다.

IRA는 물가 급등에 긴급하게 대응하기 위해 제정된 법안으로, 전기차 보조금 조항이 문제가 됩니다. IRA 시행 지침에는 미국산 배터리 부품과 미국 또는 미국과 자유무역협정(FTA)을 체결한 국가에서 채굴된 광물을 일정 비율 이상으로 사용한 전기차에만 1대당 최대 7,500달러의 세액공제 혜택을 주도록 규정하고 있습니다. 세계 전기차 시장의 판매량을 좌우하는 비야디(比亞迪, BYD)를 포함, 중국을 전기차 공급망에서 배제하려는 의도를 드러낸 법입니다.

미·중 경제 전쟁에 임하는 미국의 전략을 대표하는 키워드는 디커플링(decoupling, 탈동조화)입니다. 한마디로 40여 년간 형성된 중국과의 경제적 의존관계를 끊어내고 국내 제조업의 재건을 통해 첨단산업의 기술 패권을 유지하겠다는 뜻입니다. 그 최전선에 '4차 산업혁명의 쌀'로 불리는 반도체와 자동차 시장의 미래를 선도하는 전기차가 있습니다.

한국도 두 품목의 기술-부품-완제품으로 이어지는 글로벌 공급망의 한 축을 담당하고 있다는 점에서, 첨예한 이해관계를 가진 당사국의 하나일 수밖에 없습니다.

미·중 경제 전쟁이 발발한 지 5년여가 지난 지금, '반도체 굴기'에 나섰던 중국의 반도체 산업은 2023년 하반기 현재 쑥대밭이 되고 있습니다. 몇 가지 사례를 들어보겠습니다.

미국의 집중 타깃이 되었던 화웨이는 2019년 미국의 무역 제한 목록(Entity List)에 오른 이후 제재 2년 만에 궤멸적 타격을 입어야 했습니다. 삼성·애플을 제치고 세계 1위에 올랐던 화웨이 폰 점유율은 5위로 추락했고, 반도체 설계 업체(팹리스, Fabless, 즉 반도체 설계 기술은 있지만 생산 라인이 없는 반도체 회사)인 계열사 하이실리콘(HiSilicon, 海思半導體有限公司)은 사실상 시장에서 퇴출되었습니다. 자사에서 설계한 반도체를 대만의 TSMC에서 위탁 생산해 공급해 온 하이실리콘은 중국 기업 최초로 세계 반도체 매출 10위 안에 올

표 6 2023년 전 세계 매출 기준 상위 10대 반도체 공급 업체

(단위: 백만 달러)

2023년 순위	2022년 순위	공급 업체	2023년 매출	2023년 시장점유율(%)	2022년 매출	성장률 (%)
1	2	인텔	48,664	9.1	58,436	−16.7
2	1	삼성전자	39,905	7.5	63,823	−37.5
3	3	퀄컴	29,015	5.4	34,780	−16.6
4	6	브로드컴	25,585	4.8	23,868	7.2
5	12	엔비디아	23,983	4.5	15,331	56.4
6	4	SK하이닉스	23,620	4.3	33,505	−32.1
7	7	AMD	22,756	4.2	22,305	−5.6
8	11	STMI	17,057	3.2	15,842	7.7
9	9	애플	17,050	3.2	18,099	−5.8
10	8	텍사스	16,537	3.1	18,844	−12.2
		기타	268,853	50.7	294,729	−8.8
		총계	533,025	100.0	599,562	−11.1

출처: 가트너(2024년 1월)

랐던 회사였습니다.

　미국은 화웨이 제재를 성공시키기 위해 자국 기업들은 물론, 영국·대만·네덜란드·일본 등 동맹국 기업들에도 제재 동참을 강요했습니다. 대만 TSMC가 하이실리콘이 설계한 모바일 칩의 수탁 생산을 중단했고, 전 세계 모바일 반도체 설계 자산(IP: Intellectual Property)의 90%를 장악하고 있는 영국 기업 ARM(Advanced RISC Machines)은 스마트폰에 필수적인 원천 기술을 봉쇄했습니다. 망설이던 네덜란드와 일본의 장비 업체들도 미국의 압력에 굴복했습니다. 자사 제품의 생산에 필수적인 원천 기술의 라이선스가 미국 회사의 것이었기 때문입니다. 현재로선 미국 기술이나 특허를 피해서 반도체를 제조할 수 있는 방법은 없습니다.

중국 최대의 파운드리 업체 SMIC(Semiconductor Manufacturing International Corporation, 中芯國際積體電路製造有限公司)는 대만의 TSMC를 대체하고자 하는 중국 반도체 자립의 상징과도 같은 기업입니다. 인민해방군과의 관계를 이유로 2020년 말부터 미국의 무역 제재 리스트에 오른 이 회사는 미국의 제재 속에서도 정부의 전폭적인 지원을 받아 급성장해왔습니다. 2022년에만 19억 5,000만 위안(약 3,720억 원)의 정부 보조금을 받은 것으로 분석됩니다.

이 회사는 최근 미국의 전방위적인 압박 속에 매출 급감에 시달리고 있는 것으로 알려졌습니다. 중국에서 유일하게 14nm(나노미터) 반도체를 생산할 수 있는 기업이지만, 아직은 TSMC와의 기술 격차가 커서 반도체 기술 자립이 녹록지 않은 상황입니다.

SMIC는 2022년 중국에서 처음으로 7nm 반도체 공정 개발에도 성공했지만, 대량생산에는 어려움을 겪고 있는 것으로 파악됩니다. 대량생산과 기술 발전에 필수적인 극자외선(EUV: Extreme Ultraviolet) 장비를 확보하지 못했기 때문입니다. EUV 장비는 현재 네덜란드 장비 업체 ASML이 독점적으로 생산하고 있는데, 이 장비 또한 같은 해 10월 미국 정부가 중국 수출을 금지한 품목(14나노미터 이하 로직 반도체 생산 장비) 중 하나입니다.

중국 최대의 메모리 반도체 회사인 YMTC(Yangtze Memory Technology Corp, 長江存儲科技有限責任公司)의 경우도 사정은 비슷

합니다. 이 회사는 2016년 시진핑 국가주석의 반도체 굴기 선언에 따라 만들어졌던 '반도체 굴기'의 핵심 사업장입니다. YMTC는 현재 막대한 돈을 쏟아부어 건설한 제2공장을 가동하지 못하고 있습니다. 미국의 방해로 가동에 필요한 첨단 반도체 장비를 확보하지 못했기 때문입니다. 공장은 전기만 깔아놓은 깡통 공장이 됐고, 회사는 구조조정의 압력에 시달리고 있습니다.

현재 세계 첨단 반도체 시장의 공급망은 미국과 미국의 동맹국들이 장악하고 있습니다. 설계와 장비는 미국, 생산은 한국과 대만, 소재는 일본이 나눠서 역할을 맡습니다. 서방의 장비와 소재, 소프트웨어 없이는 첨단 반도체를 생산할 수 없도록 공급망이 짜인 것입니다. 미국 및 그 동맹국의 거미줄처럼 촘촘한 기술 네트워크는 후발 주자인 중국이 쉽게 넘을 수 있는 장벽이 아닙니다.

중국의 기술 강국 부상을 저지하려는 미국에 맞서, 중국 정부는 2020년부터 시작해 6년간을 목표로 첨단산업 분야에 10조 위안(한화 약 1,900조 원)을 쏟아붓는 중입니다. 하지만 앞서 살펴본 공룡 IT 기업 세 곳의 사례가 보여주듯 지금까지의 성과는 그다지 긍정적이지 않아 보입니다.

중국이 아무리 막대한 자금을 동원하고 정경일체(政經一體)의 일사불란(一絲不亂)함으로 추진해도 좀처럼 따라잡을 수 없는 초격차가 존재하는 곳이 반도체 시장입니다. 미국이 제 손으로 자유무역 질서를 허물면서까지 대중국 공세를 이어가고 있는 이상, 중국의 반도체 기술 자립의 여정은 험난한 길일 수밖에 없습니다. 반도체 시장은 매우 복잡하고 중층적인 생태계를 가진 복합 시장입니다.

아무리 미국이 많은 기술과 특허를 보유하고 있다고 해도, 성급하게 공급망 재편을 시도했다가는 어느 구석에선가는 예기치 못한 부작용(副作用)에 직면하게 됩니다. 예를 들어 애플이 중국에서 위탁 생산한 스마트폰 등에 중국산이라는 이유로 '폭탄 관세'를 매긴다면, 폭등한 가격으로 제품을 사야 하는 미국 소비자들의 원성이 터져 나오게 됩니다.

현재 형성되어 있는 반도체 시장의 공급망은 해당 국가와 업체들이 수십 년간 치열한 경쟁과 치킨게임을 통해 조성해온 것입니다. 그 일부에 변화를 주는 건 몰라도, 완전한 재편에는 긴 물리적 시간이 필요한 법입니다. 성급하게 반도체 자급률을 올리겠다는 중국이나, 그걸 막겠다고 스스로 세운 '신사협정'마저 깨버리는 미국 양쪽 모두가 유념해야 할 이야기입니다.

어차피 미국도 세계 2위의 경제 대국이자 최대 무역 국가인 중국과의 완전한 디커플링은 불가능합니다. 미국의 석학이자 미 국방부와 국무부 차관보를 지낸 조셉 나이(Joseph S. Nye, Jr) 하버드대 석좌교수는 본격적인 탈동조화에 대해 "미·중과 전 세계 경제에 상상을 초월한 비용을 초래한다"고 지적합니다. 한국인인 장하준 런던대 교수는 지금의 미국과 중국 관계를 '샴쌍둥이' 비유합니다. 그는 "중국에서 들어오는 싼 물건이 없으면 미국은 물가 불안에 휩싸일 수밖에 없고, 중국은 미국 정부가 발행한 국채 가운데 13%를 가진 최대 투자국이다"라고 설파합니다.

이 점은 미국도 모르지 않습니다. 미국과 중국이 고율 관세와 무역 제재를 주고받는 경제 전쟁 와중에도 2022년 두 나라의 무역량은 역대 최대를 기록했습니다(6,915억 달러). 2023년 5월의 G7 정상회담 공동성명에서 미국 등이 '디커플링' 대신 '디리스킹(de-risking, 위험 제거)'이라는 완화된 표현을 들고나온 것은 이런 현실을 고려한 것으로 보입니다. 어쩌면 용어의 변화 자체가 미·중 관계의 변화를 보여주는 조짐일 수도 있습니다. 공동성명은 "중국과 디커플링하거나 내부 지향적이 되려는 게 아니다. 디리스킹과 다변화가 필요한 경제적 탄력성(彈力性)을 인식하는 것이다"라고 강조했습니다.

아마 디리스킹이라는 용어는 중국과의 관계 악화를 원하지 않는 유럽의 입장이 반영된 표현이었을 것입니다. 우르줄라 폰 데어 라이엔(Ursula G. von der Leyen) 유럽연합(EU) 집행위원장의 다음 말이 이런 유럽의 기류를 잘 대변하고 있습니다. "나는 중국으로부터 디커플링하는 것이 가능하지도, 유럽의 이익에 들어맞지도 않는다고 생각한다."

중국의 '사회주의 시장경제' 실험

"검은 고양이든 흰 고양이든 쥐만 잘 잡으면 된다."(흑묘백묘론)
"먼저 부유해질 수 있는 사람은 부유해져도 좋다."(선부론)

현대 중국의 총설계자로 추앙받는 덩샤오핑이 사회주의 중국의 개혁·개방에 시동을 걸면서 내건 유명한 구호입니다. 맞는 말입니다. 쥐를 잡지 못하는 고양이가 무슨 쓸모가 있고, 다 같이 굶주리는 게 어떻게 정의(正義)가 될 수 있습니까? 당시 중국의 낮은 생산력을 감안했을 때, '흑묘백묘론'과 '선부론'은 경제 발전을 위한 중국 지도부의 불가피한 선택이었을 것입니다.

중국의 집권 공산당이 사회주의 정치 체제를 유지하면서 자본주의 경제 원리를 도입하는 일은 대단한 도전이자 모험이었을 것입니다. 아무도 가보지 않은 길을 가는 것은 끊임없는 주의와 긴장이 필요하고 올바른 결단과 현명한 지혜가 요구되는 일일 것입니다. 초유의 '사회주의 시장경제(社會主義市場經濟)'라는 중국의 실험은 지금까지는 큰 탈선 없이 순조롭게 진행되어온 편으로 보입니다. 적어도 개혁·개방 46년 차인 지금까지의 경로는 큰 틀에서 이렇게 평가해도 크게 잘못은 아닐 것입니다.

1970년대 말 집권한 덩샤오핑이 중국 발전의 백년대계(百年大計)로 입안했던 것이 '산부저우(三步走)'의 3단계 계획이었습니다. 이른바 원바오(溫飽), 샤오캉(小康), 다퉁(大同)의 3단계로 이어지는 중국 발전의 청사진이었습니다. 원바오는 기본적인 의식주가 해결되는 단계, 샤오캉은 국민이 풍족하게 생활하는 단계, 다퉁(大同)은 이상적인 사회주의 국가를 실현하는 단계를 뜻하는 용어입니다. 중국 유교의 고전인 《예기(禮記)》,《시경(詩經)》 등에서 차용한 개념입니다.

덩은 이 '산부저우(三步走)' 계획을 1987년 제13차 중국공산당 전국대표대회에 공식적으로 제안하였습니다. 10년 후 이 용어는 '온포(원바오)사회', '소강(샤오캉)사회', '대동(다퉁)사회'라는 보다 구체성을 띤 개념으로 정리되었는데, 이 중 '대동사회'는 현 시진핑(習近平) 주석의 집권 시기인 2017년 '사회주의 현대화 강국'으로 수정되었습니다.

중국 남부 연안의 5개 거점(경제특구)에서 시작된 개혁·개방의 파고는 오래지 않아 중국 동부의 해안선을 따라 조성된 14개 경제 기술 개발구(다롄, 친황다오, 톈진, 옌타이, 칭다오, 롄윈강, 난퉁, 상하이, 닝

그림 7 최초 개방된 14개 연해 도시의 경제 개황

	지역	1978년 GDP (억 위안)	2022년 GDP (억 위안)	증가(배)	1인당 GDP (만 위안)
1	상하이	272.81	44652.80	163	17.9
2	톈진	82.65	16311.40	197	11.9
3	광저우	46.09	28839.00	587	15.4
4	다롄	42.00	8430.90	200	11.8
5	칭다오	38.43	14920.75	388	14.7
6	난퉁	29.39	11379.60	387	14.4
7	옌타이	25.78	9515.86	369	13.5
8	닝보	20.27	15704.00	778	16.5
9	원저우	13.22	8029.77	607	8.3
10	푸저우	12.68	12308.23	970	14.6
11	전장	12.09	3712.58	307	5.3
12	롄윈강	10.45	4005.00	383	8.7
13	친황다오	8.10	1909.50	235	6.2
14	베이하이	2.90	1674.20	577	8.9

2025 중국에 묻는 네 가지 질문

보, 원저우, 푸저우, 광저우, 전장, 베이하이)로 퍼져갔습니다. 이후 산업화의 물결이 중부 내륙의 대도시들로 서진(西進)하면서 중국 경제는 성장가도를 달렸습니다. 값싸고 풍부한 노동력에 매력을 느낀 외국 자본의 투자가 줄을 이었고, 잠재 실업에 시달리던 농촌 인구가 일자리를 찾아 도시로 몰려들었습니다. 전통적인 농업 국가였던 중국은 개발도상의 공업 국가로 탈바꿈해갔습니다.

국제 환경의 변화도 중국 경제의 성장에 날개를 달아줬습니다. 1989년을 기점으로 소련과 동유럽의 사회주의가 몰락하면서 세계는 사실상 하나의 자본주의 시장경제 체제로 재편되었습니다. 중국에서 생산한 상품의 소비 시장이 그만큼 확대된 것이라 할 수 있습니다.

단일한 세계시장의 등장은 국가 간 무역을 촉진할 국제기구의 필요성을 증대시켰고, 1995년 세계무역기구(WTO: World Trade Organization)가 설립되었습니다. 자유무역과 다자주의에 기초해 무역의 문턱을 낮추고 무역 분쟁을 중재하기 위한 조직입니다. 이와는 별도로 개별 국가와 지역 블록들 사이에서는 상호 간 상품과 서비스, 투자의 이동을 원활하게 하기 위한 자유무역협정(FTA: Free Trade Agreement)의 협상과 체결이 줄을 이었습니다.

2001년 중국의 WTO 가입은 진정한 세계화(世界化)의 완성을 뜻하는 동시에, 중국 경제의 폭발적 성장을 견인하는 계기였습니다. 중국은 개방의 문호를 더욱 확대했고, 중국의 값싼 노동력과 낮은 지대, 성장 잠재력에 주목한 외국 자본의 투자가 급증했습니다.

중국은 단기간에 '세계의 공장'으로 발돋움했고, 미국은 값싼 중국산 제품의 최대 소비 시장이 되었습니다.

개혁·개방을 통한 중국의 '사회주의 시장경제' 실험은 자유무역과 다자주의 세계시장이라는 호조건을 만나 순항해왔습니다. 중국 경제는 적어도 2010년대까지는 평균 10%의 안팎의 고도성장을 지속해왔고, '저개발 공산국가'이던 중국은 불과 40여 년 만에 세계 제1위의 무역 대국이자 2위의 경제 대국으로 '굴기'하였습니다.

그 과정에서 세계 경제의 활성화와 '파이 키우기'에 기여한 바도 큽니다. 미국과 중국은 각각 구매력과 생산능력이라는 분업 구조 하에서 상호 의존하며 공존해왔습니다. 적어도 미·중 경제 전쟁이 벌어지기 전까지는 그랬습니다.

'사회주의 현대화 강국'의 실현은 가능할까

코로나 19 팬데믹이 맹위를 떨치던 2021년 중국의 시진핑 주석은 소강사회의 전면적 실현을 선언했습니다. 국민 1인당 GDP가 1만 달러를 넘어서고 551만 명의 농촌 빈곤 인구가 모두 빈곤에서 탈출했다는 게 주요 근거였습니다. 2002년 당시의 장쩌민(江澤民) 주석이 소강사회 진입을 선언한 지 만 20년 만이자, 중국의 집권 공산당이 창당 100주년을 맞는 해에 이룬 성과였습니다. 이렇게 되면 이제 남은 중국 개혁·개방의 목표는 명실공히 마지막 단계인 '사회주의 현대화 강국'(대동사회)의 건설뿐입니다.

시 주석의 중국 지도부는 신중국 성립 100주년이 되는 2049년까지 '사회주의 현대화 강국'을 실현한다는 목표를 제시하고, 이를 이루기 위한 장기 어젠더로 '공동 부유(共同富裕)'를 내걸었습니다. 덩샤오핑의 선부론을 대체한 시 주석의 '공동 부유'는 개혁·개방의 과정에서 드러난 부의 불평등 문제를 해소하기 위한 전략적 구호입니다.

시 주석은 "공동 부유는 사회주의의 본질적 요구로서 중국식 현대화의 중요한 특징이다"*라는 말로 그 지향을 분명히 밝혔습니다. 경제 정책의 초점을 성장(成長)에서 분배(分配)로 옮겨, 소득 양극화 문제를 해소하고 사회주의 국가의 정체성(正體性)을 회복하겠다는 뜻입니다.

사실 '공동 부유'는 역대 중국 지도부의 일관된 경제 정책 목표였습니다. 중국 사회주의의 아버지 마오쩌둥이 주창한 '공부론(共富論)'의 연장선상에 있는 개념으로, 사실 덩사핑의 '선부론'도 '공동 부유'를 실현하기 위한 사전 과정으로 제시된 것이었습니다. 덩샤오핑 자신도 이 점을 여러 차례 강조했습니다. "사회주의의 목표는 전국 인민의 공동 부유이지, 양극화가 아니다. 여건이 마련된 지역과 개인이 먼저 부유해지면, 이들이 낙후한 지역과 개인을 도와 최종적으로 공동 부유를 실현할 수 있다."(1985년 3월 열린 전국과학기

---

* 2021년 8월 공산당 중앙재경위원회 회의.

술공작회의)

중국에서 '공동 부유'가 다시 부각되기 시작한 것은 2020년 가을 공산당 19기 중앙위원회 5차 전원회의(19기 5중 전회)에서였습니다. 향후 국가 정책의 방향을 사실상 결정하는 이 회의에서 중국 지도부는 2035년 사회주의 현대화의 '기본적' 달성을 위한 장기 과제로 '공동 부유'를 강조하였습니다. 또 14차 경제개발 5개년 규획(2021~2025년, 14·5 계획)의 핵심 방향으로 국내 대순환을 주체로 국내와 국제의 상호 순환을 촉진하는 '쌍순환(雙循環)' 전략을 채택합니다. '공동 부유'로 다가가기 위한 국내 대순환에 방점(傍點)을 찍은 경제계획으로 보입니다.

'공동 부유'론이 성장보다는 분배를 강조하기 시작했다는 점에서 중국이 사회주의 색채를 강화하지 않겠냐는 외부의 우려가 있을 수 있습니다. '부자의 것을 빼앗아 가난을 구제할 것'이라는 서방식의 시각과 '정부의 지나친 개입으로 자칫 공동 빈곤으로 갈 수 있다'는 중국 내 시장 우선론자들의 우려를 예로 들 수 있습니다. 저는 두 가지 모두 기우(杞憂)에 지나지 않는다고 생각합니다. 중국이 개혁·개방 이전으로 돌아가는 것은 불가능하고 그래서도 안 됩니다.

여기서 눈여겨봐야 할 것이 지금 14·5 계획의 경제 정책 방향입니다.

먼저 국내와 국제의 쌍순환에서 '국내 대순환'을 주체로 내세우고 있다는 점이 눈에 띕니다. 국내시장의 확장에 초점을 맞추되, 국제교역의 문턱을 높이지는 않겠다는 뜻입니다. 미·중 갈등의 격화와 코로나 19 팬데믹의 여파로 경제성장이 둔화되는 내적 조건과 보호무역 및 일방주의가 강화되는 반세계화 추세를 고려한 설정으로 보입니다. 중국이 4억 명 이상의 두터운 중산층을 보유한, 잠재력 있는 세계 최대의 소비 시장이라는 점에서 그 가능성은 충분히 열려 있습니다.

다음으로 '고품질(高品質)' 발전과 '자립적(自立的) 기술혁신'의 추구입니다. 전자는 경제 발전의 기조를 양적 성장에서 질적 성장으로 바꾸겠다는 이야기이고, 후자는 기술 자립에 힘쓰겠다는 것입니다. 얼핏 당연해 보이는 이야기지만, 중국의 사회주의 정치 체제를 고려할 때 특유의 정치적 통제가 작동될 가능성이 없지 않은 부분입니다.

'고품질(高品質)' 발전의 추동은 값싼 노동력에 의존하는 중국 산업의 고도화를 의미하는데, 그 과정에서 필연적으로 산업과 기업의 구조조정이 수반됩니다. 특히 4차 산업혁명의 진전과 더불어 대량 실업의 문제가 사회불안 요소로 대두될 가능성이 큽니다. 이때 중국 정부가 어떻게 대응할지가 관전 포인트가 될 것입니다.

'자립적 기술혁신'의 문제는 앞에서 보듯 미·중 갈등의 핵심 전장입니다. 두 나라 모두 미래 성장 동력의 선점이라는 측면에서 쉽사리 양보하기도 어렵습니다. 특히 중국으로서는 미국의 선제공격에 손 놓고 있을 수만도 없는 일입니다. 다행히 전장의 범위가 미래 첨단산업에 한정되어 있고, 최근 미국도 무리를 느끼고 속도 조절에 나선 모양새여서 돌파의 여지가 없어 보이지는 않습니다. 미국처럼 패권에 집착하지 않으면서, 중국이 호혜(互惠)와 공영(共榮)의 관점에서 해법(解法)을 찾을 수 있기를 기대해봅니다.

저는 14·5 계획의 중점이 중국 내수 시장(內需市場)의 확충과 활성화에 맞춰져 있다고 생각합니다. 문제는 중국 정부가 경제의 질적 전환과 기술 자립을 추진하면서, 외부 자본의 참여에 이런저런 제한을 두거나 조건을 단다는 것입니다. 중국이 강화되는 최근의 반(反)세계화 추세에 올라타는 일이 아닐 수가 없습니다.

그것은 중국이 자유무역과 다자주의 체제에서 이탈한다는 의미입니다. 세계화에 가장 크게 기여하고 또 그로부터 가장 큰 혜택을 본 중국의 이율배반입니다. 이는 호리호혜(互利互惠)와 공존공영(共存共榮)을 추구하는 사회주의의 이상과도 정반대되는 길일 것입니다.

중국 경제는 중진국 함정(中進國陷穽)에 빠질 것인가

중국 경제는 최근 대내외적으로 복잡한 도전에 직면하고 있습니다. 대내적으로는 부동산 시장(不動産市場) 침체와 지방정부 부채(地方政府負債) 문제와 같은 구조적 리스크를 안고 있으며, 대외적으로는 미국과의 전략 경쟁 심화, 외국인 직접 투자 감소, 그리고 트럼프 전 대통령의 재선에 따른 대중국 견제 확대가 예상되고 있습니다. 이러한 상황에서 중국 정부는 대규모 부양책과 경기 안정화 조치를 통해 대응하고 있지만, 미래 성장에는 여전히 불확실성이 존재합니다. 따라서 많은 학자가 중국 경제가 겪고 있는 이러한 복합적 문제들로 인해 중진국 함정(Middle-Income Trap)에 빠질 가능성이 있다고 주장합니다.

먼저 중국 부동산 시장은 2021년 중반부터 장기 침체에 빠져 있습니다. 헝다그룹과 컨트리가든 등 대형 부동산 기업들의 연쇄적인 도산은 시장에 심각한 불안을 초래했으며, 부동산 부문은 중국 GDP의 약 30%를 차지하고 있어 이 침체가 경제 전반에 부정적 영향을 미치고 있습니다. 구체적으로는 부동산 투자와 개발의 역성장, 소비 심리의 위축으로 이어져 내수 경제를 압박하고 있습니다. 이러한 상황은 지방정부 재정에도 영향을 미쳐 지방정부 자금조달 기구(LGFV: Local Government Financing Vehicle)의 부채를 포함하면 2022년 말 기준으로 지방정부 부채가 GDP의 76%에 달한다는 분석이 있습니다. 그림자 금융을 통한 우회 대출 증가 또한 금융 시스템 전반의 잠재적 리스크를 키우고 있습니다.

대외적으로는 미국과의 갈등과 글로벌 공급망 분절화가 중국 경제에 추가적인 부담을 주고 있습니다. 외국인 직접 투자는 감소세를 보이고 있으며, 대만과의 긴장이 심화되고 있는 가운데, 중국 정부는 특별 국채(特別國債) 발행과 지방정부 전문 채권 활용, 지급준비율(支給準備率) 인하 등의 정책을 통해 유동성 공급을 확대하고 부동산 관련 규제를 완화하는 등의 대응책을 발표했습니다. 그러나 이러한 대책들은 단기적인 경기 부양보다는 안정화에 초점을 맞추고 있어 구체적이고 실효적인 효과를 내기까지는 시간이 걸릴 것으로 보입니다.

이와 같은 구조적 문제와 대외적 압박 속에서 중국 경제의 리스크가 현실화된다면, 이는 단순히 중국 내부에 국한되지 않고 글로벌 경제에도 광범위한 영향을 미칠 수 있습니다. 중국 경제는 국유기업 개혁 지연으로 인한 자원 배분 비효율성, 고령화로 인한 노동인구 감소, 생산성 향상 약화 등의 중장기 성장 제약 요인에 노출되어 있습니다. 만약 부동산 가격이 추가로 하락하고 성장률 약세가 지속된다면, 아시아 역내 수입 수요 감소로 이어져 주변국 경제성장에도 악영향을 줄 수 있습니다.

더 나아가, 철강과 시멘트와 같은 소재 산업의 공급 과잉(供給過剩)이 심화되고, 내수 부진이 소비재 산업에도 큰 타격을 줄 가능성이 있습니다. 동시에 미국의 대중 견제가 무역과 금융 부문에서 악영향을 미친다면, 중국 경제는 성장률 급락과 금융 시스템 위기를 겪을 수 있으며, 이는 무역 및 금융 경로를 통해 글로벌 경제로 전파될 수 있습니다. 예를 들어, 대중국 중간재(中間材) 및 원자재(原資材) 수출국들이 큰 타격을 받을 수 있고, 위안화 절하, 외국인 투자 자금 유출, 신흥국의 자금 이탈 등이 동반될 수 있습니다.

또한, 시진핑 정부는 미래 첨단 기술 산업을 선도하기 위한 고품질 발전과 신품질 생산력 강화를 최우선 과제로 삼고 있습니다. 6G, 인공지능(人工知能), 생명공학, 신에너지, 신소재와 같은 전략 첨단 신흥 산업 클러스터 조성, 제조업의 스마트화 및 녹색 발전 추진 등을 통해 경제의 질적 전환을 꾀하고 있습니다. 이는 각 지역 특성에 맞춘 성장 전략을 통해 중국 주도형 현대화 산업-기술 체계를 구축하려는 장기적 계획의 일환입니다.

결론적으로, 중국 경제는 내부 구조적 문제와 외부 환경의 변화 속에서 복잡한 도전에 직면해 있습니다. 그러나 시진핑 정부는 내수 확대와 첨단 기술 자립, 산업 혁신 등을 통해 질적 성장과 경제 안정화를 도모하고 있습니다. 향후 중국 경제의 회복과 성장 여부는 이러한 전략이 얼마나 효과적으로 작동하는지에 달려 있으며, 이는 중국뿐만 아니라 글로벌 경제에 중요한 시사점을 제공할 것입니다.

정치와 경제의 분리, '정랭경온(政冷經溫)'

지난 2023년 5월 말 세계인이 어리둥절할 만한 일이 벌어졌습니다. 미국 기업 테슬라의 오너 일론 머스크(Elon R. Musk)가 3년 만에 중국을 방문해 중국 정부의 고위 관계자들을 잇따라 만난 것입니다. 미국과 중국이 치열한 무역 전쟁을 벌이는 와중에 대만 문제까지 겹쳐, 두 나라 정부가 거친 설전을 주고받던 와중에 벌어진 일입니다. 친강 외교부장을 만나서는 "테슬라는 디커플링에 반대한다"는 말로 중국 견제에 열을 올리고 있는 자국 정부와 날을 세우기도 했습니다. 이런 '친중' 성향을 보이던 머스크가 2024년 대선 이후 트럼프의 '퍼스트 버디(대통령의 절친)'로서 정부효율부(DOGE:

Department of Government Efficiency)의 수장을 맡아, 앞으로는 '워싱턴 정객'으로서 미·중 소통에 도움을 줄 수 있을 것이라며 트럼프 시대 '키신저' 역할을 기대하는 분위기도 감지됩니다.

머스크만이 아닙니다. 애플, 스타벅스, 제너럴모터스, JP모건, 반도체 회사 엔디비아와 같은 미국 거대 기업의 고위 관계자들이 중국 방문 계획을 가진 것으로 알려져 있습니다. 거대한 중국 시장에서 경기 침체의 활로를 모색하기 위한 행보로 보입니다. 세계 경제에서 차지하는 중국의 위상을 단적으로 보여주는 장면입니다.

이제 중국은 더 이상 세계의 생산 기지에 머물러 있지 않습니다. 2021년 '소강사회'의 완성 선언에서 드러나듯, 구매력을 갖춘 15억에 가까운 인구가 사는 세계 최대의 단일 시장입니다. 미국 기업들이 자국 정부의 입장과 무관하게 경제적 실리를 좇아 중국을 노크하는 이유입니다. 이렇게 정치와 경제를 분리해 대응하는 방식을 중국식 조어로 '정랭경온(政冷經溫)'이라 합니다.

중국과의 정랭경온의 사례는 여러 국가에서 심심찮게 볼 수 있습니다. 미국은 중국과 러시아를 묶어 적성국으로 분류하고 동맹국과 우호국의 참여를 통해 포위망을 구축하려고 시도하고 있습니다. 그런데 상당수 국가의 태도가 미지근합니다. 프랑스, 독일 같은 유럽 국가들은 물론이고, 심지어 일본도 동맹(同盟)은 동맹대로, 실리(實利)는 실리대로 구분해서 대응하고 있습니다.

2023년 4월 중국을 국빈 방문한 마크롱 프랑스 대통령은 중국과의 정상회담에서 초대형 계약을 성사시켰습니다. 중국이 프랑스의 항공기 제조사인 에어버스(Airbus SE) 여객기 160대를 200억 달러에 사기로 한 겁니다. 대신 에어버스는 여객기 조립 규모를 2배 늘리기 위한 제2의 생산 라인을 톈진(天津)에 짓는다고 발표했는데, 경쟁 업체인 미국 보잉사(The Boeing Company)의 중국 내 매출이 2018년 이후 급감한 것과는 상당한 대조를 이룹니다. 마크롱 대통령은 "대만 문제로 중국과 갈등을 빚을 경우 유럽이 미국의 추종자가 되어서는 안 된다"면서 공개적으로 중국의 손을 들어줬습니다.

일본은 미·중 무역 갈등의 틈을 파고들어 반도체 산업의 부활을 꾀하고 있습니다. 일본 정부는 대만의 TSMC가 구마모토현(熊本県)에 짓고 있는 반도체 공장에 건설비의 절반인 4,760억 엔(한화 약 4조 2,000억 원)을 이미 지원했고, 2024년 4월 7,300억 엔(한화 약 6조 5,000억 원)의 보조금을 추가로 지급하기로 결정했습니다. 《마이니치신문》에 따르면 TSMC는 제1공장과 제2공장 건설을 위해 약 2조 엔(약 17조 6,789억 원)을 투자할 예정이며 제3공장 건설도 준비 중인 것으로 알려졌습니다. 마이크론도 일본에 D램 생산 시설 투자를 진행하고 있는데, 일본은 이 회사에도 3조 7,000억 원을 지원했습니다. 한국의 삼성전자도 일본에 첨단 반도체 시제품 라인 신설을 검토하고 있다는 소식입니다. 일본이 첨단 반도체 기업들을 안방으로 불러들여 반도체 생산능력을 확보하려 하는 것입니다.

미국의 영원한 우방 영국 정부는 "중국과 관계에 문을 닫는 것은 그 누구의 이익에도 부합하지 않는다"면서 미국식의 흑백 논리(黑白論理)에 동조하지 않고 있습니다. 중동의 대표적 친미 국가인 사우디아라비아도 중국과 손을 잡았는데, 석유와 가스 대금으로 달러 대신 위안화를 받기로 한 것입니다. 미국이 최근의 G7 정상회담에서 중국과의 관계 기조를 디커플링에서 디리스킹으로 바꾼 것은 이런 국제 여론과 자국 산업의 이익을 반영한 것으로 보입니다.

미래 첨단산업의 기술 주도권을 둘러싸고 미·중 경제 전쟁이 진행되는 와중에도, 외국 기업들은 최대 단일 소비 시장으로 부상하고 있는 중국의 경제적 매력을 예의 주시하고 있습니다. 아울러 예상 가능한 '중국 리스크'가 무엇인지도 따져보고 있을 것입니다. 핵심은 외국 자본에도 공정한 기회와 자유로운 경쟁이 보장되느냐의 여부일 것입니다. 대중국 투자를 망설이게 하는 불확실성을 중국이 먼저 선제적으로 과감하게 제거해야 하는 이유입니다.

먼저 '국내 대순환'에 필요한 각종 사업 등에서 정경일체(正經一體)의 관치경제(官治經濟) 유혹을 떨쳐내는 결단이 필요합니다. 중국 정부나 공산당과 한 몸처럼 움직이는 국영기업이나 애국주의 민간기업에만 사업을 독점시켜서는 안 됩니다. 유감스럽게도 최근 중국에서는 각종 국책 사업에 대한 참여 기회를 중국 기업에만 제공하려는 조짐이 없지 않아, 외국 기업의 불만을 사고 있습니다.

장기적으로 보면 이런 행위는 기업의 자생력을 떨어뜨리는 요인이 되기 때문에 해당 기업에도 좋은 일은 아닙니다. 관치경제로 쉽게 돈을 번 기업은 시장에서 경쟁력을 잃고 한순간에 몰락할 수 있습니다.

중국 정부가 자국 기업에 과도한 보조금이나 세제 등의 특혜를 제공하는 것도 자주 거론되는 불공정 행위입니다. 아무리 자국에 도움이 되더라도, 중국은 국제분업과 세계의 산업 생태계를 심각하게 훼손하는 정책 추진을 지양해야 합니다. 이해 당사국들의 반발이 필연적으로 뒤따르기 때문입니다. 예컨대 반도체 자급률을 획기적으로 높이겠다고 막대한 공적 자금을 투입한다거나, 기술 격차를 일거에 해결할 욕심으로 무리한 기업합병을 추진하는 것 등이 이에 해당할 것입니다.

같은 경제 행위도 중국이 하면 외부에서 받아들이는 강도와 충격이 다릅니다. 중국처럼 동원할 수 있는 자금의 단위가 다르고 일사불란한 민관 일체의 추진력을 가진 나라는 찾아보기 어렵기 때문입니다.

국익이 달린 사안에 대해 당과 국가, 그리고 민간이 나라 안팎에서 혼연일체가 되는 애국적 집단주의(愛國的集團主義)는 다른 나라에서는 보기 힘든 현상입니다. 외국에 유학 중인 중국 학생들이 공산당 비판을 들으면 발끈해서 반박하고, 2008년 티베트 독립을 지지하는 시위대로부터 베이징올림픽의 성화 봉송을 지키겠다고 중국 유학생 7,000여 명이 서울시청 앞에 운집했던 사례가 대표적입니다.

사회주의 정치 체제를 가진 중국에서 정치가 큰 틀에서 경제의 방향을 통제할 수는 있습니다. 그렇지만 국제정치나 외교상의 소소한 갈등을 공식적·비공식적 경제 보복으로 연결시키는 처사는 국력을 앞세운 횡포입니다. 외부에서 받아들이는 중국 리스크 중에서도 가장 크게 작용하는 것이 바로 이런 '달라이 라마 효과' 식의 '정치 리스크'입니다.

가령 대만해협에서 군사적 긴장이 높아진다면, 시장에서는 이를 정치적 리스크로 받아들이는 게 당연하고 주가가 요동치는 것 또한 자연스러운 현상입니다. 누구나 예측 가능한 일이기 때문입니다.

그런데 노벨 평화상 수상자가 중국의 반체제(反體制) 인사라는 이유로 노르웨이산 연어의 수입을 금지하고, 코로나 19의 기원 조사를 요구했다고 해서 호주산 소고기 수입을 제한하고 나서는 것은 대국답지 않은 치졸(稚拙)한 대응입니다. 노르웨이의 연어잡이 어부가 노벨상 수상자를 결정한 것도 아니고, 호주의 축산 농민이 코로나 19 기원 조사를 요구한 게 아니잖습니까? 서방세계에서는 민과 관이 다르고 민간과 민간이 다른 게 너무나 자연스러운 현상입니다.

한국과 관련된 가장 최근의 사례로는 한국 독립운동(獨立運動) 사적지의 운영 중단을 둘러싼 의혹을 들 수 있습니다. 중국은 2023년 5월과 7월에 각각 랴오닝성 다롄(遼寧省 大連)의 뤼순(旅順) 감옥 박물관 내 안중근 전시실과 지린성 옌볜(吉林省 延邊) 조선족 자치구 룽징(龍井)의 윤동주 시인 생가의 운영을 중단했는데, 명분은 보수공사였습니다. 하지만 사적지의 폐쇄 시점이 윤석열 대통령의 방미를 앞둔 시점이라, 중국의 지방정부가 악화된 한·중 관계를 반영해 취한 조치가 아니냐는 의혹을 사기에 충분했습니다.

이런 식의 '정치 리스크'가 빈발하고 사례가 쌓여가면 중국 경제의 불확실성(不確實性)은 높아질 것이고, 그런 만큼 투자자들은 투자를 망설이게 될 게 자명(自明)합니다.

3장

북한 핵·미사일이
중국의 국익(國益)에 부합하는가?

북한의 핵·미사일 도발을 실시간 뉴스로 접하고 북한 전술핵 공격의 표적이 된 한국으로서도 미국의 핵우산에 의지해 손 놓고 있을 수만은 없는 일입니다.

문재인 정부 시절, 한국은 미국과의 협의를 통해 한국의 미사일 사거리와 탄두 총량을 제한해왔던 '한·미 미사일 사거리 지침'을 폐지(廢止)하고 미사일 대응 전력을 고도화할 수 있는 길을 열었습니다. 이전까지 '사거리 800km, 탄두 중량 500kg' 이내로 묶여 있던 한국의 미사일 개발 옵션은 2017년 탄두 중량 제한을 해제한 데 이어, 2021년의 한·미 정상회담에서 남은 사거리 제한마저 없애기로 하면서 최종 폐기되었습니다.

이와 병행해 문재인 정부는 북한의 잠수함발사탄도미사일(SLBM) 공격에 대비하는 차원에서 핵추진 잠수함(SSN) 보유를 비공개로 추진해, 상당한 진전을 이루는 성과를 내기도 했습니다. 한·미 국방 장관 회담에서 처음으로 보유 필요성을 전달한 후, 여러 채널을 통해 지속적으로 미국을 설득하면서 동의를 구해갔습니다.

'북한 핵 기차의 질주'

"북한의 핵 기차가 이미 '돌아올 수 없는 다리'를 건너 질주하고 있다."

폭주 양상을 보이고 있는 북한의 핵·미사일 도발을 두고, 국내의 한 안보 전문가가 한 말입니다.

2022년 이래로 북한은 미·중 패권 전쟁의 격화와 우크라이나 전쟁의 발발, 남한의 정권 교체라는 국내외 정세의 공간을 십분 활용해, 이전 시기와는 차원이 다른 핵·미사일 도발을 감행하고 있습니다. 국제사회의 대북 제재를 비웃기라도 하듯, 맘껏 자신의 핵 공격 능력을 과시하는 행보를 이어가는 중입니다. 마치 이 기회에 할 수 있는 실험과 훈련은 다 해보자는 듯한 모양새입니다.

문재인 정부 출범 초기인 2017년 9월에 실시했던 50여kt 위력의 '수소탄'급 제6차 핵실험 이후, 북한의 핵·미사일 실험은 한동안 소강상태(小康狀態)를 보여왔습니다. 남북과 북·미 간에 역사적인 정상회담이 이어지면서 한반도에 평화 분위기가 조성된 결과였습니다. 북·미 정상의 북핵 담판이 결렬된 2019년 2월의 하노이 회담 이후에는 아마도 세계를 휩쓴 코로나 19 팬데믹이 북한의 운신의 폭을 제한했을 가능성이 있습니다.

2022년 연초 이후의 북한 핵·미사일 도발(挑發) 양상은 발사 빈도와 발사 수량, 발사의 성격이나 내용 면에서 이전과는 확연한 차이를 보입니다. 2022년 한 해만 놓고 봐도, 역대 최대인 총 31회에

표 7 북한 역대 핵실험 비교

	일자	폭발 위력	인공지진 규모	실험 장소 (풍계리)	원료
1차	2006년 10월 9일	1kt 이하	3.9	동쪽 갱도	플루토늄
2차	2009년 5월 25일	3~4kt	4.5	북쪽 갱도	플루토늄
3차	2013년 2월 12일	6~7kt	4.9(기상청)	북쪽 갱도	고농축 우라늄(추정)
4차	2016년 1월 6일	6kt	4.8(기상청)	북쪽 갱도	북한, 수소탄 발표/ 증폭핵분열탄
5차	2016년 9월 9일	10kt	5.04(기상청)	북쪽 갱도	증폭핵분열탄
6차	2017년 9월 3일	100kt	5.7(기상청)	북쪽 갱도	북한, 수소탄 발표

출처: 정부 발표 자료 정리

걸쳐 63발의 탄도미사일을 발사하는 신기록(新記錄)을 세웠습니다. 2024년에도 핵 도발의 강도나 수위가 잦아들지 않았습니다. 주로 윤석열 정부 들어 강화되거나 복원된 한·미 연합 군사훈련이나 핵잠수함·전략 폭격기 같은 미국 전력 자산의 한반도 전개 등을 계기로 도발이 빈발하고 있는 형국입니다.

이 시기의 북핵 도발과 관련한 중요한 사례 몇 가지를 시간순으로 추려보겠습니다.

'핵 모라토리움'의 파기에서 남한을 겨냥한 전술핵 훈련까지

먼저, 2022년 3월 북한은 남미와 남극을 제외한 지구상의 전 대륙을 사정권에 두고 다탄두로 추정되는 대륙간탄도미사일(ICBM: intercontinental ballistic missile) '화성-17형'의 시험 발사에 성공했습니다. 북한이 공개한 현장 영상에서는 '화성-17형'이 이동식 발사 차량(TEL: Transporter Erector Launcher)에서 기립해 발사됐는데, 이렇게 발사된 미사일로는 크기가 세계 최대에 속한다고 합니다.

그런데 북한의 '화성-17형' 시험 발사 성공이 갖는 정작 중요한 함의는 이런 핵 기술 진전 차원에 멈추지 않습니다. 2018년 '판문점 선언' 이후 김정은 위원장이 스스로 천명했던 핵실험 및 ICBM 발사 유예라는 '모라토리움'(2018년 4월 당 중앙위원회 제7기 제3차 전원회의에서 발표한 '핵실험 및 ICBM 발사 중지 선언')을 공식적으로 파기하고 나선 것이기 때문입니다. 한반도의 시계를 강 대 강(強對強) 대치가 이어지던 2017년 이전으로 되돌리는 신호탄과 다름이 없습니다.

다음으로, 2022년 9월 북한의 국회 격인 최고인민회의는 '조선민주주의인민공화국 핵 무력 정책에 대하여(「핵 무력 정책법」)'라는 이름의 '핵 무력 법제화' 법령을 채택합니다. 핵무기의 보유와 운용에 관한 사항을 법률로 규정한 '핵무기 사용 교리'인 셈인데, 핵 무력의 사명, 지휘 통제, 사용 원칙, 사용 조건 등 11개 조 23개 항으로 구성되어 있습니다.

국내법으로 핵보유국 지위를 명문화(明文化)해서 절대 핵을 포기(비핵화)하지 않겠다는 의지를 내외에 천명하기 위해 만든 법령으로 보입니다. 북한의 핵 정책이 외부 침탈에 대비한 약소국형 억제 전략(抑制戰略)에서 선제적 핵 사용도 불사하는 선진국형 능동 전략(能動戰略)으로 전환했음을 확인하는 법령입니다.

이 「핵 무력 정책법」의 각 조항을 들여다보면, 핵무기를 언제 사용하고 어떻게 운용해나갈 것인지에 대한 규정이 구체적이고 분명하게 적시되어 있습니다. 대부분의 핵보유국이 핵무기 사용에 대한 선택을 제한받지 않기 위해 최대한 교리의 모호성을 유지하는 것과는 딴판입니다. 법령에 따르면, 핵무기 사용이 외부의 침략과 공격에 대처하는 '최후의 수단'이라는 전제 아래 '5대 사용 조건'을 다음과 같이 열거합니다.

▶ 핵무기 또는 기타 대량 살륙 무기에 의한 영토 공격

▶ 국가 지도부와 국가 핵 무력 지휘 기구에 대한 공격

▶ 국가의 중요 전략 시설들에 대한 치명적인 군사적 공격

▶ 유사시 작전상 불가피할 때

▶ 국가의 존립과 인민의 생명 안전에 파국적인 위기가 초래되어 불가피할 때

그런데 이 '5대 사용 조건'에서는 공격이 실행된 경우뿐만 아니라 공격이 '임박(臨迫)'한 경우까지 핵무기를 사용할 수 있도록 규정하고 있습니다. 선제(先制) 핵 사용이 가능하도록 여지를 남긴 것입니다. 법 조항에 따르면, 선제 핵 사용 조건인 '임박'이나 '불가피성(不可避性)'을 판단하는 주체는 오로지 '핵무기와 관련한 모든 결정권'을 가진 '핵 무력'의 '유일적 지휘자'인 국무위원장(김정은)뿐입니다.

법령에는 이런 김정은 위원장을 비롯한 지휘부가 적의 공격으

로 위험에 처하게 되면, 정해진 작전 계획에 따라 즉각 핵 공격을 실행한다는 내용도 포함되어 있습니다. 유사시 재래식 공격에 의해 김정은 위원장의 신변에 이상이 생기는 경우에도 지체 없이 핵으로 보복하겠다는 위협을 공공연히 법령 조항에 넣은 것입니다.

법령은 특히 군사적 상황과는 별개로 "국가의 존립과 인민의 생명 안전에 파국적인 위기를 초래하는 사태"를 포괄적으로 핵무기 사용 범주에 포함해놓고 있습니다. 북한 지도부의 자의적인 판단이 작용할 소지를 폭넓게 열어놓은 것이라, 특히 우려하지 않을 수 없는 조항입니다. 전시(戰時)가 아닌 경우에도 핵 사용의 가능성을 열어놓았습니다. 자신들의 필요에 따라 아무 때고 핵무기를 쓸 수 있다는 말이라고 해도 크게 과장은 아닐 것입니다.

또한, 북한의 「핵 무력 정책법」은 핵무기를 '최후의 수단'으로 규정하는 조항과 함께 '소극적 안전 보장' 조항을 '핵무기의 사용 원칙'으로 명시하고 있습니다. "비핵국가들이 다른 핵무기 보유국과 야합하여 조선민주주의인민공화국을 반대하는 침략이나 공격 행위에 가담하지 않는 한 이 나라들을 상대로 핵무기로 위협하거나 핵무기를 사용하지 않는다"고 한 대목이 이에 해당합니다. 핵이 없는 남한이 미국의 핵우산 아래서 한·미동맹으로 북한을 압박하는 상황을 경계하는 조항으로 분석됩니다.

아울러, 지속적으로 핵 능력을 강화하겠다는 의지를 명문화한 '핵 무력의 질량적 강화(強化)와 갱신(更新)' 조항과 핵무기나 핵물질, 그리고 관련 기술이나 설비를 타국에 넘기지 않도록 한 '전파

방지' 조항도 법에 포함되어 있습니다. 정상적인 핵보유국으로서의 위상을 기정사실화하려는 포석으로 이해됩니다.

흔치는 않지만, 북한이 핵 문제를 법에 명기한 경우가 이 법 말고도 없지는 않습니다. 먼저 이번 「핵 무력 정책법」의 채택으로 폐기된 '자위적 핵보유국의 지위를 더욱 공고히 할 데 대하여(「핵보유국 지위법」)'를 들 수 있습니다. 김정은 집권 초기인 2013년 채택된 「핵보유국 지위법」은 말 그대로 북한이 대외적으로 핵보유국의 지위를 인정받는 것에 중점을 둔 법령입니다. 「핵 무력 정책법」처럼 '핵무기 사용 교리' 수준의 본격적인 '핵 무력 법제화'를 이룬 법령은 못 됩니다.

북한은 시기에 따라 헌법에도 '핵보유'를 명기하기도 했습니다. 2012년 4월 김정은 집권 이후 첫 헌법 수정 작업에서 '핵보유국'이라는 단어를 헌법 서문에 명기하기 시작했는데, 가장 최근인 2024년의 10월의 헌법 수정에서도 이 조항은 그대로 유지되고 있는 것으로 보입니다. 그렇기는 해도 전임 김정일 위원장의 업적 중하나로 '핵보유국'이라는 한 단어를 나열했을 뿐이어서, 상징적인 차원을 빼고는 큰 의미를 두긴 어렵습니다.

어쨌거나 「핵 무력 정책법」은 '국가 방위의 기본 역량'인 '핵 무력'을 보유한 북한이 핵이 가진 '공포의 균형'을 통해 전쟁 억제를 이뤄내고 체제 안정을 꾀하고자 하는 것에 1차적 목적을 둔 것은 분명해 보입니다. 그리고 여기서 한 걸음 더 나아가, 비핵화가 아니라 핵 감축이나 군비 축소 같은 협상 카드를 들고 북·미 관계 개선에 나서려는 전략적 노림수를 가진 것으로 봐도 무방할 것 같습니다.

한국의 윤석열 정부는 문재인 정부가 정상회담 등을 통해 한반도에 평화 무드를 조성하고 '전략적 모호성'을 유지하며 대미·대중 관계를 균형 있게 관리해온 것과는 달리, 한·미동맹과 한·일협력을 강화해 북한을 압박하는 불안한 일방통행(一方通行)을 펼치고 있습니다. 한·미 양국이 윤석열 정부 들어 전략 자산을 동원한 대규모 연합 훈련을 벌이고 그 횟수와 범위를 넓혀가는 것도 이런 움직임의 일환입니다. 북한의 핵·미사일 도발에 대응해 확장 억제 실행력을 제고하겠다는 명분인데, 이에 반발한 북한이 핵미사일 부대 등을 동원한 무력시위를 이어가면서 한반도의 강 대 강 대치가 심화하는 형국입니다.

지난 2022년 9월 말부터 10월 초순까지 진행된 한·미·일 연합 해상 훈련 기간을 즈음해 벌어진 북한의 핵·미사일 도발은 주목할 만한 새로운 양상을 보였습니다. 이 기간(2022년 9월 26일~10월 8일) 한·미·일 3국은 핵 항모(로널드 레이건호), 핵잠수함(아나폴리스함), 스텔스 전투기까지 동원한 가운데 동해 공해상에서 연합해 해상 훈련, 대잠수함 훈련(일본 해상자위대의 아사히함 참가), 기동 훈련을 잇달아 펼쳤습니다.

이에 반발한 북한은 이 기간에만 전술핵 탑재가 가능한 각종 탄도미사일과 전술유도탄, 초대형 방사포를 동원해 일곱 차례의 발사 훈련을 했습니다. 북한 당국은 이 훈련을 '전술핵 운용 부대들의 군사훈련'이라고 주장했고, 대부분 전문가의 의견도 이에 부합합니다. 북한이 '전술핵무기 운용 부대'들을 동원해 군사훈련을 실시한 것은 이때가 처음입니다. 북한의 핵 능력이 이제는 고도화 단계를 넘어 전술핵의 실전 배치 및 실제 운용 단계에 이르렀기에 가능한 일입니다.

그동안 알려진 바로는 북한의 핵무기는 전략군사령부에서 전략적인 차원에서 직접 통제하며 운영해왔습니다. 그런데 이번 훈련을 통해 북한의 전술핵이 일선 부대에 실전 배치되었고, 일선 전술 제대에서 직접 핵무기를 관리·운영한다는 사실이 간접적으로 확인되었습니다.

이 훈련 기간에 북한은 전술핵의 다양한 투발 옵션을 선보였습니다. 저수지 수중 발사장, 이동식 발사대(TEL), 중장거리 탄도미사일(IRBM: intermediate-range ballistic missile), 초대형 방사포, 다양한 '섞어 쏘기' 등등. 핵탄두의 소형화와 다양화에 성공하지 않고는 있을 수 없는 옵션입니다.

그런데 정작 우리가 심각하게 받아들여야 할 지점은 이런 북한 핵 능력의 고도화가 아닙니다. 핵 개발이 남한을 겨냥한 것이 아니라는 그동안의 공언과는 달리, 북한은 이 훈련에서 남한을 전술핵 공격의 표적으로 삼았음을 숨기지 않았습니다. 고위 북한 관계자가 공개한 그대로, 일곱 차례의 발사 훈련 중 절반 가까이가 남한의 비행장과 주요 군사 지휘 시설 및 항구를 겨냥한 초대형 방사포와 단거리 탄도미사일 발사 훈련이었습니다.

북한은 이제까지 자신들의 핵 개발이 미국의 침탈에 대비한 것이지, 결코 남한을 공격하기 위한 것이 아니라고 누누이 강조해온 바 있습니다. 그랬던 북한이 남한의 주요 시설을 타깃으로 설정한 핵 사용 훈련을 했다는 사실을 어떻게 받아들여야 할까요? 다른 건 몰라도, '북핵은 대미 협상용'이라 믿어왔던 상식적인 대한민국 국민의 뇌리에 지우기 힘든 대북 불신의 싹을 키울 것만은 분명합니다.

2022년 연말에 열린 조선노동당 제8기 제6차 당중앙위원회 전원회의(8기 6차 중전 회의) 결정은 남한에 대한 적대적 태도가 더 노골적이고 고약하게 표현됩니다. 아예 남한을 '명백한 적(敵)'으로 규정한 데 이어, '전술핵 다량 생산과 핵탄두 보유량 기하급수적 증대'를 2023년도 핵무장 및 국방 전략의 중심적 기본 방향으로 내세웠습니다. 전술핵을 대량으로 확보하려는 목적 중의 하나가 남한을 겨냥한 것임을 분명히 하면서, 유사시 남한에 대한 핵무기 공격을 마다하지 않겠다는 의지를 천명한 것입니다. 윤석열 정부 들어 2018년 북·미 정상회담 이후 한·미 연합 훈련을 축소 또는 중단하기로 했던 약속을 파기하고, 한·미·일 군사 협력을 확대·강화하면서 대북 강경책을 펼치는 데 대한 반작용(反作用)으로 보입니다.

북한 전술핵 운용 부대의 실전 훈련은 2023년 3월 한·미 연합 방어 훈련인 '자유의 방패' 기간(2023년 3월 13일~3월 23일)에도 업그레이드된 형태로 계속됐습니다. 북한은 대규모 한·미 연합 훈련에 대응해 2~3일 간격으로 핵탄두 모형과 미사일을 이용한 총 여섯 차례의 무력시위를 벌였습니다. 핵잠수함의 전략 순항미사일 발사, '북한판 이스칸데르' KN-23 탄도미사일 발사, 대륙간탄도미사일 (ICBM 화성-17형) 발사, 단거리 탄도미사일(SRBM, KN-23)의 모의 핵탄두 공중 폭파, 전략 순항미사일(화성-1형, 화성-2형)의 모의 핵탄두 공중 폭파, 핵 무인 수중 공격정 '해일'의 잠행 및 모의 핵탄두 수중 폭발(북한 주장)이 그것입니다.

북한은 이 중에서 KN-23의 공중 폭파 훈련이 핵탄두로 가정한 시험용 탄두를 장착한 전술핵 운용 부대의 '핵 반격 가상 종합 전술 훈련'이었다고 밝혔습니다. 북한이 이 훈련을 한 날(2023년 3월 19일)은 '죽음의 백조(swan of death)'로 불리는 미국의 초음속 전략 폭격기 B-1B 랜서가 5년 만에 한반도에 등장한 날이기도 합니다. B-1B는 북한의 6차 핵실험과 ICBM 발사 시험으로 한반도가 전쟁 위기로 치닫던 2017년 12월 한반도로 날아와 한·미의 정예 비행기들과 함께 대규모 훈련을 진행한 바 있습니다.

모의 핵탄두를 장착한 단거리 탄도미사일(SRBM)의 공중 폭파 훈련은 북한의 전술핵 공격 표적이 단순히 남한의 국군 지휘부나 비행장, 항구 같은 주요 군사시설에만 한정되는 것이 아닐 수도 있음을 시사합니다. 핵탄두의 공중 폭발은 지상 폭발에 비해 피해 반경이 넓기 때문에 전문가들은 이 훈련이 남한의 대도시를 겨냥했을 것으로 분석합니다. 물론 핵무기의 위력과 폭파 고도에 따라 차이가 크겠지만, 최악의 상황을 가정해보겠습니다. 만일 북한이 2017년 6차 핵실험 때와 같은 폭발력(50~100kt)을 가진 핵탄두를 이번 훈련에서처럼 800m 상공에서 폭파시킨다면, 수도권 거의 전체가 쑥대밭이 되는 대재앙이 초래됩니다.

그뿐만 아니라, 북한은 5·6차 핵실험을 통해 대규모 살상과 파괴를 피하면서도 핵탄두의 고고도 공중 폭발을 통해 남한의 국가 전산망과 군 지휘 통제 시스템을 일거에 무력화시킬 수 있는 EMP탄의 개발에도 성공했다고 공언하고 있습니다. 고도 30km 이상의 공중에서 강력한 전자기파가 방출되는 전자기 펄스(EMP: electromagnetic pulse)를 일으켜 각종 전자기기의 전자회로를 태워 마비시키는 원리입니다. 전자기 펄스는 핵폭발 때 방사되는 감마선에 의해 발생하기 때문에 모든 핵탄두는 그 자체로 EMP 무기이기도 합니다. 이론적으로는 핵탄두의 감마선 방출을 극대화하게 되면, 그게 바로 EMP탄이 되는 것입니다.

실제 EMP탄 공격을 받는다면 첨단 군사 장비가 무용지물이 되는 것은 물론이고, 국가의 전산 시스템과 전기·교통·통신 등의 운영 시스템이 올스톱됩니다. 비행 중이던 항공기가 추락하고 휴대전화마저 불통되면서 큰 사회적 혼란이 야기됩니다.

전문가들은 소형화한 수소폭탄급 EMP탄을 탄도미사일에 탑재해 중부권 상공에서 폭발시킨다면, 거대한 전자기파 쓰나미가 수도권을 포함한 중부 지방 전체는 물론 경북 북부까지 영향을 미칠 수 있다고 우려합니다. 북한 전술핵 운용 부대들이 벌이는 모의 핵탄두 공중 폭파 훈련을 재래식 미사일 발사 실험 정도로 취급해서는 안 되는 이유가 여기에 있습니다.

덧붙여, 북한이 이번 훈련에 사용한 KN-23 탄도미사일을 일반적인 TEL이 아닌 땅 밑에서 발사한 정황이 포착되면서, 새로운 미사일 지상 발사 플랫폼을 추가했음을 확인할 수 있습니다. 전문가들은 미사일을 발사할 때 보인 'V'자 형태의 화염을 근거로, 북한이 지하로 땅을 파서 급조한 원통형 지하 시설에서 SRBM을 발사한 것으로 분석합니다.

이 분석이 맞다면, 북한은 철도망을 이용한 열차 발사(2021년 9월), 저수지에서의 수중 발사(2022년 10월)에 이은 새로운 미사일 발사 수단을 확보한 셈입니다. 발사 플랫폼을 다양화해 한·미의 정찰과 감시를 최대한 회피해보려는 전략이겠지만, 궁여지책(窮餘之策)에 가깝다는 평가가 많습니다.

'자유의 방패' 훈련의 마지막 날이자 한·미 연합 상륙 훈련인 '쌍룡훈련'(2023년 3월 20일~4월 3일) 초반이던 3월 23일, 북한은 공중과 해상에서 동시에 핵 능력을 과시하는 도발을 벌였습니다. 북한의 주장에 따르면, 북한은 이날 순항미사일인 '화성-1형'과 '화성-2형'에 모의 핵탄두를 탑재해 공중에서 폭파하는 발사 시험과 '해일'이라 명명된 무인 수중 공격정에 모의 핵탄두를 장착하고 잠행해 수중에서 폭발시키는 실험을 진행했습니다. 북한은 전자를 '전략 순항미사일 부대'들의 전술핵 공격 준비 훈련이라 밝혔고, 후자의 '해일'에 대해서는 수중 폭발로 초강력 쓰나미를 일으켜 적선을 수장시킬 '절대 비밀 병기'라 자화자찬했습니다.

'해일'은 일종의 '핵추진 어뢰'로 핵탄두를 터트리는 무인 잠수정이라 할 수 있는데, 현재로선 이를 사전에 탐지해 요격할 수 있는 수단을 찾기가 쉽지 않습니다. 북한은 이 신무기를 김정은 위원장의 각별한 관심 아래 전략적인 차원에서 비장의 카드로 준비해온 것으로 알려졌습니다.

미 본토를 사정권에 두고 기습 발사가 가능한
고체연료 ICBM

2023년 7월 12일, 북한은 신형 고체연료 ICBM '화성-18형'의 시험 발사를 감행했습니다. 북한의 ICBM 기술이 이미 고도화를 넘어 실전화 단계에 이르렀음을 보여주는 도발이었습니다.

기존의 액체연료 ICBM은 이동과 연료 주입 등 발사 준비에 몇 주의 시일이 소요되기 때문에 사전에 탐지해 제압하는 것이 가능합니다. 반면에 고체연료를 쓰는 탄도미사일은 상대적으로 중량이 가벼워 이동이 손쉽고, 발사 준비 시간을 획기적으로 단축할 수 있습니다. 고체연료 ICBM은 신속한 기습 발사가 가능하고 사전 탐지 및 제압이 어렵다는 것이 가장 큰 특징입니다.

'화성-18형'의 성공적 시험 발사는 북·미 관계와 관련해 두 가지 점에서 중대한 의미를 지닙니다. 정상 각도로 발사할 경우 미 본토 전체가 사정권에 들어간다는 점과 한·미의 정찰이나 감시를 피해 기습 발사가 가능하다는 점이 바로 그것입니다. '화성-18형'의 시험 발사에 나서기 직전까지 북한은 미군의 전략 정찰기('RC-135'

와 'U-2S')와 무인 정찰기(RQ-4B)가 수차례 북한 영공을 넘나들며 대북 정찰 활동을 벌이고 있다고 주장하며 격추 위협을 해왔는데, 고체연료 ICBM으로 미국 본토를 겨냥하면서 반격에 나선 모양새입니다.

북한은 '화성-18형'이 이날 "최대 정점 고도 6,648.4km까지 상승해 거리 1,001.2km를 4,491초(74분 51초)간 비행해 동해 공해상 목표 수역에 정확히 탄착됐다"고 설명하면서, 이 수치는 발사 과정 3단계 중 2·3단계를 고각 비행 방식으로 설정한 결과임을 강조했습니다. 정상 각도로 발사할 경우 1만 5,000km 이상 날아갈 것으로 추정돼, 미 본토 전역을 타격할 수 있다는 의미입니다.

고체연료를 사용하는 ICBM이 액체연료 ICBM에 비해 제작비가 상대적으로 저렴하다는 점도 국제사회의 제재로 경제난을 겪고 있는 북한으로서는 매력적인 부분이었을 것입니다. 이런 장점 때문에 미국과 러시아, 중국의 실전 배치된 ICBM은 모두 고체연료를 기반으로 하고 있습니다.

사실 고체연료에 기반한 '화성-18형'이 시험 발사된 것이 이번이 처음은 아니었습니다. 북한은 이미 2023년 4월 최초로 고체연료 ICBM인 '화성-18형'을 발사한 적이 있습니다. 그런데 이때는 고각 발사된 미사일의 항적이 3,000km 미만의 정점 고도와 1,000km 비행 거리를 기록했기 때문에, 정상 각도(30~45도) 발사 시 사거리가 5,000km가량에 그칠 것으로 추정되었습니다. 더구나 이 미사일의 정점 고도는 북한이 전 달(3월 16일)에 시험한 액체연료 ICBM '화성-17형' 고도 기록(6,000km 이상)의 절반에 불과했습니다.

따라서 사거리 3,000~5,500km를 중거리 탄도미사일(IRBM), 5,500km 이상을 ICBM으로 분류하는 국제 기준에 따라, 당시에는 IRBM급으로 구분되어 상대적으로 덜 주목을 받았습니다. 상승 고도와 비행 거리를 조정하고 발사한 ICBM일 가능성을 미처 고려하지 못했기 때문입니다.

북한 특유의 허장성세(虛張聲勢)를 감안하더라도, 고체연료 ICBM 개발은 시간문제였을 뿐이라고 보는 게 타당합니다. 북한이 이미 이전부터 신형 단거리 탄도미사일(KN-23, 24, 25)과 최신 순항미사일, 일부 잠수함발사탄도미사일('북극성-1'형) 등을 고체연료 기반으로 운용하는 이력을 쌓아왔기 때문입니다. 함흥의 '17호 공장' 일대에서 고체연료 추진체의 양산 체제를 구축해왔던 것도 그 이유의 하나로 꼽힙니다.

고체연료 ICBM의 시험 발사가 멀지 않았다는 징후는 최근 2~3년 사이에 여러 방면에서 드러났습니다. 2021년 1월의 노동당 제8차 대회는 고체연료 ICBM 개발을 '국방과학발전 및 무기체계 개발 5개년계획'의 전략 무기 부문 5대 최우선 과제 가운데 하나로 선정하고, 그 개발을 독려해왔습니다. 2022년 12월에는 고체연료를 사용한 고출력의 대형 로켓 엔진 연소 시험에 성공했다는 북한 관영 매체의 보도가 나오기도 했습니다. 또 2023년 2월의 인민군 창건 75주년 열병식에서 신형 고체연료 ICBM의 실물이 공개된 적도 있습니다. 어쨌거나 2차 발사 실험이 성공하면서 '화성-18형'이 일선 부대에 배치돼 운용할 날이 임박한 것으로 보입니다.

2024년 10월 31일, 북한은 동해상으로 장거리 미사일 화성-19형을 시험 발사했습니다. 김정은 위원장은 딸 김주애를 동반하여 발사 현장을 직접 지휘했으며, 이는 미국 대선을 닷새 앞두고 북한군의 러시아 파병으로 한반도 긴장이 고조되는 가운데 이루어진 일입니다. 북한은 이 미사일이 수평 비행 거리 1001.2km, 정점 고도 7687.5km, 비행 시간 5,156초를 기록했다고 주장했으며, 이는 북한 미사일 역사상 최고·최장 기록으로 평가됩니다. 사진에 따르면, 화성-19형은 12축 이동식 발사대(TEL)를 사용해 발사되었으며, 발사 화염의 색과 형태로 보아 고체연료를 사용하는 것으로 추정됩니다. 이 미사일이 북한의 '최종완결판(最終完決版)'이라는 주장이 사실이라면, 이는 2012년 화성-13형 개발 이후 12년 만에 기술적 정점에 도달했다는 의미입니다.

북한의 탄도미사일 개발 역사를 돌아보면, 최초의 탄도미사일은 1973년 제4차 중동전쟁 이후 이집트로부터 스커드-B 미사일 기술을 이전받아 화성-5형으로 복제하면서 시작되었습니다. 이후 중거리 탄도미사일 개발은 소련 붕괴 후 혼란을 틈타 기술자들을 영입해 이루어졌고, 화성-7형과 화성-10형이 탄생했으나 화성-10형은 실패작으로 도태되었습니다. 북한 최초의 ICBM인 화성-13형은 열병식에만 등장했을 뿐 실제 발사는 없었습니다. 화성-18형은 고체연료 ICBM으로 알려졌지만, 기술적 검증이 부족했는데, 이번 화성-19형은 화성-18형의 개량형으로 보입니다. 전문가들은 화성-19형이 대기권 재진입 기술 면에서 완벽한 성공은 이루지 못한 것으로 평가하고 있습니다.

화성-19형이 '최종완결판'으로 불리는 이유는 사거리와 탄두 중량 면에서 더 이상 확장이 필요 없다는 점을 의미합니다. 북한이 미국 동부를 타격할 수 있는 대형 또는 다탄두 ICBM을 완성했다고 자부하는 것으로 보입니다. 이는 고성능 추진제, 극한 소재, 정밀 유도 기술 등 핵심 기술들이 기본적으로 완성되었다는 자신감을 반영합니다. 그러나 크기와 무게 면에서 미사일 선진국에 비해 비효율적인 설계가 문제로 지적되고 있으며, 이는 고성능 고체 추진제 개발의 한계 때문인 것으로 보입니다. 고체 추진제는 액체 추진제에 비해 추력을 높이는 데 어려움이 있고, 극한 소재 개발 또한 기술적으로 진입 장벽이 높습니다.

이번 발사된 화성-19형이 다탄두 설계를 염두에 둔 것일 가능성도 제기됩니다. 그러나 다탄두는 핵탄두의 소형화와 정밀도 등 고도의 기술이 필요하며, 북한은 아직 이 수준에 이르지 못한 것으로 보입니다. 북한이 다탄두를 실험했다는 근거도 부족합니다.

북한이 이번 미사일 개발 과정에서 러시아의 지원을 받았을 가능성도 주목됩니다. 고성능 추진제, 극한 소재, 항법 기술 등에서 러시아의 지원은 북한 미사일 기술 발전에 중요한 역할을 할 수 있습니다. 특히, 고성능 추진제는 제조 과정과 첨가제 개발에 따라 성능이 좌우되며, 고성능 자이로스코프(gyroscope)와

GLONASS(GLObal NAvigation Satellite System) 항법 기술은 장거리 미사일의 정확성을 높이는 데 기여할 수 있습니다.

결론적으로, 화성-19형이 '최종완결판'이라고 주장되지만, 실제 양산과 실전 배치 가능성은 여전히 불확실합니다. 북한이 지속적인 개량과 러시아의 체계적 지원을 받는다면, 앞으로 더 개선된 신형 ICBM이 등장할 가능성도 배제할 수 없습니다. 따라서 이러한 상황에 대한 철저한 대비책과 국제적 공조, 특히 중국의 역할이 필요합니다.

중형 잠수함을 전술핵 발사 플랫폼으로 개조

2023년 9월 초에도 북한은 자신이 가진 핵 능력을 과시하려는 이벤트를 벌여 국제사회의 이목을 집중시키는 데 성공했습니다. 이해 9월 6일 중·단거리 잠수함발사탄도미사일(SLBM) 10발을 탑재할 수 있는 신형 중형 잠수함 '김군옥영웅'함의 진수식을 갖고 이를 공개한 것입니다. 이 신형 잠수함은 수중 배수량이 3,000t급 이상으로, 북한이 보유한 중형 잠수함의 장점만을 살려 설계하고 건조한 것으로 평가받습니다. 2019년 7월 김정은 위원장이 중형 잠수함을 새로 건조할 것을 지시한 지 4년 만에 '개량형' 중형 잠수형의 진수에 성공한 것입니다.

북한이 발표한 발사 실험 사진을 보면, 새 잠수함의 함교에는 SLBM 발사용 수직 발사관 10여 개가 보입니다. 전문가들은 선수

쪽에 따로 핵 어뢰 '해일' 등을 발사할 수평 어뢰 발사관 4~6개를 장착했을 것으로 추정합니다. 핵추진 잠수함이 아닌 디젤엔진 잠수함에 핵무기 탑재를 시도한 건 이스라엘 이어 북한이 두 번째라고 합니다.

북한은 이 잠수함을 '전술핵 공격 잠수함의 표준형'이라 지칭하며, 기존에 보유한 중형 잠수함들도 공격형 전술핵 잠수함으로 개조하겠다는 방침을 밝혔습니다. 김 위원장은 진수식 연설에서 "핵무기를 장비(탑재)하면 그것이 곧 핵잠수함"이라며, 이것이 곧 "해군 무력 강화 노선의 저비용 첨단화 전략"이라 자화자찬했습니다. 20여 척에 이르는 중형 잠수함을 개조해 전술핵 발사 플랫폼으로 삼겠다는 뜻을 천명한 것입니다.

그런데 자신감 충만한 김 위원장의 발언은 거꾸로 해석하면 북한 핵무장의 마지막 퍼즐인 핵추진 잠수함의 건조가 현실적으로 녹록지 않다는 사실을 우회적으로 입증하는 말이기도 합니다. 북한의 입장에서는 점증하는 한·미의 압박에 맞서 당장이라도 핵잠수함 건조에 나서고 싶은 마음이 굴뚝같을 것입니다. 그런데 아직은 기술이 부족하고 비용도 많이 드니, 우회로로 택한 것이 디젤 잠수함에 핵탄두를 탑재하는 '저비용' 방식이 아닌가 하는 판단이 듭니다.

국제 제재에 따른 경제난의 심화가 핵잠수함 건조에 나서려는 북한의 발목을 잡았을 가능성이 없지 않습니다. 2023년 9월 13일의 북·러 정상회담에서 북한이 우크라이나와의 전쟁으로 어려움을 겪고 있는 러시아에 무기나 군수물자를 제공하는 대신, 러시아로부터 핵잠수함 건조에 필요한 소형 원자로 기술 등을 이전받는 문제를 논의하지 않았겠냐는 관측과 우려가 나온 것은 이런 배경에서입니다.

현대전에서 잠수함 전력은 위력적인 핵심 전력(核心戰力)의 하나로 꼽힙니다. 물속으로 은밀하게 접근해서 공격에 나서는 탓에 탐지와 대응에 한계가 있을 수밖에 없습니다. 더구나 원자력을 동력

표 8 북한의 주요 미사일 실험 일지

일자	발사 장소	종류	발사 방향(탄착 지점)
1993년 5월 29일	화대군 기지	노동 1호	동해상
2006년 7월 5일	화대군 무수단리	대포동 2호	동해상
2014년 6월 30일	원산	단거리 미사일	동해상
2016년 7월 9일	잠수함	SLBM	
2017년 8월 29일	평양 순안국제공항	화성-12형	태평양 (일본 상공 통과)
2019년 5월 11일	평안북도 구성시	KN-23, 화성-11 나형	동해상
2021년 1월 22일	구성시	KN-27 2발	서해상
2021년 9월 15일	평라선 연선	KN-23 열차 발사형 2발	동해상
2021년 10월 19일	신포 앞바다	KN-23 개량 SLBM	동해상
2022년 3월 5일	평양시	화성-17형 1발	동해상
2022년 5월 4일	평양시	화성-15형 1발	동해상
2022년 9월 28일	순안구역	고중량 탄두형 전술 유도탄	동해상
2023년 2월 18일	평양시 순안구역	대륙간탄도미사일 화성-15형	홋카이도 서쪽
2023년 3월 21일	함경남도 리원군	수중 드론(해일) 1발	동해상
2023년 4월 13일	평양시 강동군	대륙간탄도미사일 화성-18형	동해상
2024년 5월 27일	평안북도 동창리	정찰 위성(신형 로켓)	서해상

으로 삼는 핵잠수함은 장기간 심해에서 잠행할 수 있는 기능을 갖췄기에, 첨단 탐지 기술로도 조기에 탐지해내기가 쉽지 않은 게 현실입니다.

만일 북한이 20여 대의 중형 잠수함을 전술핵 잠수함으로 개조해 '김군옥영웅'함처럼 각각 10여 발의 전술핵을 탑재한다면, 산술적으로 총 200여 발의 핵탄두를 동시에 발사할 수 있는 잠수함 공격 능력을 갖추게 됩니다. 한국과 미국의 첨단 탐지·요격 수단으로도 100% 방어하지 못할 수도 있다는 뜻입니다.

그러나 군 당국이나 잠수함 전문가들은 '김군옥영웅'함의 성능에 대해 대부분 회의적인 반응을 보입니다. 구식 디젤 잠수함에 억지춘향격으로 다량의 핵탄두를 탑재하려다 보니, 잠수함의 정상적인 운영이 가능할까 싶을 정도로 심상찮은 문제점을 드러낼 것으로 봅니다. 한마디로 리어카에 짐을 잔뜩 실은 형국인데, 이런 식이면 잠수함의 안정적인 운영을 장담할 수 없다는 지적들이 많습니다.

게다가 출항 때부터 요란한 소음이 발생할 수밖에 없는 구조라, 위치가 탐지될 가능성이 그만큼 더 커진다고 합니다. 은밀한 기동이 생명인 잠수함에는 치명적인 결함이 아닐 수 없습니다. 오죽하면 한 외신은 이 잠수함에 '프랑켄슈타인 잠수함'이라는 조롱 섞인 별명을 붙이기도 했습니다. 2021년 이래로 전술핵무기 개발에 매진해온 성과를 성급하게 과시하려다 생긴 부작용으로 보입니다.

한·미의 정권 교체기를 노렸던
북한의 6차 핵실험과 ICBM 도발

북한이 핵 보유에 관심을 갖고 준비에 착수한 계기는 한국전쟁이었다는 게 일반적인 시각입니다. 미국은 한국전쟁 초기부터 핵무기 사용을 검토하고 있다고 밝혀 북한을 자극했고, 휴전 직후인 1955년에는 실제로 한반도에 전술핵을 배치하기도 했습니다. 1·4후퇴 때 북한 주민들이 대거 월남한 이유도 미군이 북한에 핵무기를 쏠지 모른다는 위기감 때문이었다는 이야기가 있습니다.

북한이 핵무기 방위 부대인 '핵무기방위부'를 신설하고, 이어 '원자 및 핵물리학 연구소'를 설립해 대응하기 시작한 것이 이 시기부터입니다. 소련과 공동 핵 연구 협정을 맺고 과학자를 소련에 파견해 전문 인력 육성에 나서는가 하면, '조·소간 원자력의 평화적 이용에 관한 협정'을 체결해 원자력(핵) 개발 활동의 시동을 걸었습니다.

소련 유학파를 중심으로 1962년 가구 공장으로 위장한 영변 원자력연구소를 설립하고, 이듬해 소련에서 연구용 원자로를 들여와 준비한 끝에 1967년부터 가동에 들어갔습니다. 이후 1974년 국제원자력협력기구(IAEA)에 가입하고 1985년 핵확산금지조약(NPT)에도 가입하는 등 겉으로 드러난 북한의 활동은 핵이 아닌 원자력에 초점이 맞춰진 것으로 보였습니다.

암중모색(暗中摸索)을 거듭하던 북한의 야심이 겉으로 드러난 것은 2005년 2월, 느닷없는 핵 보유 선언을 통해서였습니다. 1993년에 NPT 탈퇴를 천명했던 북한이 이후 핵 개발을 둘러싸고 국제사회와 밀고 당기는 지루한 시소게임을 벌여오던 참이었습니다. 그리고는 이듬해인 2006년 10월 전격적으로 1차 핵실험을 강행해 세계를 놀라게 했습니다.

이로부터 2017년 10월에 이르기까지 약 11여 년에 걸쳐 모두 6차례의 북핵실험이 이어졌습니다. 김정일 국방위원장 통치 시기에 두 차례, 현 김정은 국무위원장 집권 이래로 네 차례의 핵실험이 감행됐습니다. 6차에 걸친 핵실험 가운데 4차를 뺀 다섯 차례의 실험이 성공적이었던 것으로 평가되면서, 북한의 핵 프로그램은 이제 완성 단계에 진입한 것으로 분석됩니다. 국제사회에서 북한이 사실상 아홉 번째의 핵보유국의 지위를 확보했다는 의미입니다.

강도 높은 국제사회의 반발과 제재, 어려운 경제 사정에도 불구하고, 북한이 국가의 명운을 걸다시피 해 핵무장과 핵 능력의 발전을 향해 매진해온 결과일 것입니다. 4차 핵실험의 경우 '소형화된 수소탄'에 의한 '첫 수소탄 시험'이라는 북한의 주장과는 달리, 실제 폭발력이 수소탄에 훨씬 못 미쳤던 것으로 나타나 실패한 실험이었다는 것이 국내외 전문가들의 중론입니다.

2017년 9월의 6차 핵실험은 11년에 걸친 북한 핵실험의 총결산판이라 할 수 있습니다. 이 실험은 북한이 그동안 실시했던 핵실험 가운데 가장 큰 규모 5.7의 인공지진을 동반했는데, 이 정도면 최소 50kt의 폭발력을 가진 핵탄두를 사용한 것으로 추정됩니다.

북한은 이 실험을 "ICBM 장착용 수소탄 시험"이라 발표하면서, 탄도미사일에 탑재가 가능하도록 핵탄두의 무게를 500~600kg가량으로 낮춰 소형화·경량화하는 데도 성공했다고 주장했습니다. 전문가들은 실험에 사용한 핵탄두가 수소탄급인 사실은 인정하면서도, 북한의 핵탄두 소형화 기술이 실제로 탄도미사일에 탑재해 운용할 정도로 진전되었는지에 대해서는 의문의 여지를 남겼습니다.

북한이 6차 핵실험을 실시한 2017년은 한·미 양국에서 정권 교체가 이뤄져, 새 정부가 임기를 시작한 해였습니다. 한국의 문재인 정부는 5월 대통령 당선과 함께 인수 기간 없이 바로 임기를 시작해야 했고, 미국에서는 연초에 '예측 불가능한 언동'을 무기로 삼는 트럼프 대통령이 집무에 들어갔습니다.

이런 틈을 비집고 두 나라 새 정부의 대응을 떠보려는 듯, 이 해에 북한은 6차 핵실험 전후로 긴 사거리의 탄도미사일을 발사하는 또 다른 도발로 한반도의 위기를 최고조로 끌어올렸습니다. 대화를 통한 한반도 평화체제 구축이라는 지향을 분명히 한 문재인 정부와는 달리, 미국 트럼프 행정부의 대북 정책은 트럼프 개인의 캐릭터만큼이나 구체적인 향방을 가늠하기 쉽지 않은 상황에서 벌어진 도발이었습니다.

도발의 전조는 이 해 벽두부터 보였습니다. 김정은 위원장의 신년사에서 "대륙간탄도미사일(ICBM) 시험 발사가 마감 단계"라는 발언이 나온 것입니다. 북한 체제의 특성상 '무오류(無誤謬)'인 최고 지도자의 공개 발언은 과장은 있을지언정 현실이 되는 경우가 대다수입니다.

6차 핵실험 직전인 8월 초 북한군 한 고위 당국자의 발언이 '2017년 북핵 위기'로 불리는 한반도 위기 상황의 서막을 열었습니다. 미국의 주요 군사기지가 포진한 서태평양 상의 괌 주변을 중거리 탄도미사일(IRBM) 여러 발로 포위 발사하는 작전을 검토하고 있다고 밝히면서부터입니다. 괌 기지는 한반도 유사시 미국의 전략 자산이 전개되는 전진기지 역할을 하는 곳입니다. 이에 대응해 미국도 북한의 핵 시설과 미사일 기지를 핀셋 선제 타격하는 군사적 옵션의 검토에 들어가면서 한반도의 위기는 고조되기 시작했습니다.

연례 한·미 연합 '을지 자유의 방패(UFS)' 훈련이 진행 중이던 8월 하순, 북한은 최대 고도 550여km로 사상 최초로 일본 상공을 거쳐 2,700여km 떨어진 북태평양까지 날아가는 IRBM(화성-12형) 1발을 발사했습니다. 비록 괌 방향으로 발사되지는 않았지만, 괌 타격 능력을 실제로 보유하고 있음을 과시한 것입니다. 평양에서 괌까지 거리가 약 3,400km인데, '화성-12형' 정상 각도로 발사할 경우 최대 4,500km까지 비행할 수 있습니다.

북한의 탄도미사일 도발은 여기서 끝나지 않았습니다. 수소탄급 6차 핵실험으로 세계에 충격을 던진 지 불과 2개월 만인 2017년 11월 말, 북한은 미국의 심장부 워싱턴과 뉴욕이 사거리에 포함되는 ICBM '화성-15형' 발사 실험을 했습니다. 김 위원장의 신년사 발언이 허언(虛言)은 아니었음을 증명하는 도발이었습니다. 이 미사일은 동해상으로 4,500km 상공까지 치솟아 올라갔다가 일본의 배타적 경제수역에 추락했습니다. 정상 각도로 발사하면 사거리가 1만 3,000km에 달할 것으로 추정되었습니다.

북한에서 미국 동부의 뉴욕, 워싱턴이 약 1만 1,000km 거리에 위치하므로, 만일 '화성-15형' 미사일에 핵탄두를 탑재해 발사하면 단순 사거리 상으로는 미국 본토 전역이 사정권에 든다는 이야기입니다. 북한은 발사 당일 중대 보도를 통해 사실상 지구 전역에 대한 핵 공격 능력을 확보했다며 '핵 무력의 완성'을 선포했습니다.

군 당국을 비롯해 국내외 전문가들은 북한의 신형 ICBM 비행 실험이 성공적이었음은 인정하면서도 완전한 전력화에는 도달하지 못했던 것으로 분석합니다. 대표적인 게 대기권 재진입 기술인데, 북한이 이 기술을 보유하지 못한 것으로 보인다는 것입니다. 당시는 물론이고 현재까지도 북한은 시험 발사한 ICBM의 탄착 지점을 공개한 일이 없다는 사실도 이런 관측을 뒷받침합니다. 이를 입증하듯, "'화성-15형' 재진입체가 부서진 것으로 보인다"는 미 정부 관리의 말을 인용한 미국 언론들의 보도가 나오기도 했습니다.

대기권 재진입 기술은 정상 각도 발사를 통해서만 입증이 가능한데, 북한이 지금껏 ICBM의 발사 실험을 고각으로만 진행해왔기에 이를 확인할 수 있는 데이터가 전혀 없습니다. 이밖에도 종말 단계 정밀 유도, 탄두 작동 여부 등의 추가 검증이 필요하다는 게 군당국의 설명이었습니다.

영국·프랑스 수준의 핵보유국을 지향하는 북한의 폭주

'핵 무력 완성 선언' 이후 북한은 핵탄두를 탑재할 수 있는 발사체(투발 수단)의 다양화를 통해 전략 및 전술핵무기의 고도화·전력화에 집중하고 있는 것으로 보입니다. 이미 6차례의 핵실험을 통해 핵탄두를 소형화·경량화·표준화하는 데는 성공했다고 보고, 이를 전력화할 수 있는 다양한 투발 수단의 개발과 고도화로 핵무장 정책의 초점을 옮긴 것입니다.

각종 탄도미사일, 순항미사일, 600mm 초대형 방사포, 전술핵 잠수함, 무인 수중 공격정 등의 발사 실험과 공격 훈련이 그런 일환입니다. 또한, 투발 옵션도 기존의 사일로와 TEL 외에도 기차, 저수지, 땅속, 바다(디젤 잠수함과 무인 잠수정) 등으로 다변화해, 탐지와 요격을 회피하고자 하는 다양한 노력을 시도했습니다.

그동안 핵무기 발사와 관련한 북한 발표가 온통 성공 일색의 자화자찬으로 과장됐던 점을 감안하면, 안정적인 핵무기 전력 운영을 위해서는 디테일한 기술적 보완이 필요했을 것이라 보는 게 상식적입니다. 아마 핵탄두 소형화·경량화·표준화의 수준을 제고하고, 다양한 투발 수단의 개발과 성능 향상을 위한 노력이 계속 이어졌을 것으로 보입니다. 아울러 목적한 수요를 충족할 수 있는 핵탄두의 수량을 채우기 위해서 핵물질(플루토늄과 우라늄, 중수소나 3중수소)의 추출과 확보에도 시기에 상관없이 심혈을 기울여왔을 것입니다.

북한은 각종 전략·전술핵무기로 무장한 부대들을 별도의 전략군(戰略軍)으로 편성해 운용해왔는데, 규모는 군단급으로 추정됩니다. 이는 북한 핵 무력의 전력화가 우리의 상식 이상으로 진척되었을 수도 있음을 알려주는 지표입니다. 국방부의 《2022 국방백서》에 따르면, 북한의 전략군 산하에는 13개 여단이 편성되어 있습니다. 통상 1개 여단은 3개의 발사 대대, 연료차 대대와 경비 대대 각각 1개로 편성되며, 전략군 전체 병력은 대략 1만여 명으로 추산됩니다.

북한의 각종 열병식이나 미사일 발사 이후 북한 관영 언론의 보도에 등장하는 '전술핵 운용 부대', '전략 순항미사일 부대', '대륙간탄도미사일 부대' 등이 이에 속하는 것으로 보입니다. 북한 보도에서는 '철도 기동 미사일 연대', '핵 무인 수중 공격정 종대'와 같은 독특한 부대 이름도 등장합니다. 북한이 얼마나 다양한 발사 플랫폼을 활용해 핵무기를 고도화·전력화하고 있는지를 잘 보여주는 사례일 것입니다.

국내외의 핵 전문가들은 북한이 현재 보유한 핵탄두의 수량을 수십 기로 추정합니다. 전문가에 따라 추정치는 최소 20기에서 최대 120기까지 다양합니다. 핵탄두 보유 수량은 북한 내부에서도 정확히 알고 있는 인물이 몇 안 될 정도로 초특급 기밀 사항일 것입니다.

전문가마다 제한된 정보를 토대로 조금씩 달리 추정하기 때문에, 보유 수량의 편차가 큰 편입니다. 북한이 추출했거나 확보했을 것이라 추정되는 플루토늄과 우라늄의 양을 상수로 두고, 이 중 핵탄두 제작에 투입되는 핵물질의 양, 플루토늄탄과 우라늄탄의 비율, 핵 투발 수단의 제작량, 전략군 산하 부대의 수 등 고려해야 할 변수가 많습니다. 대체로 50기 안팎의 핵탄두를 보유했을 가능성이 큰 것으로 보는 의견이 우세한 편입니다.

2023년 1월에 발표된 한국국방연구원의 「북한의 핵탄두 수량 추계와 전망」(박용한, 이상규) 보고서는 북한이 앞으로 핵탄두 보유량을 300여 기까지 늘릴 것으로 전망했습니다. 북한이 설정한 군사적 목적을 달성하기 위해서는 이 정도의 핵탄두가 필요하다고 본 것입니다. 보고서는 2022년 말의 노동당 8기 6차 중전 회의가 '전술핵 다량 생산과 핵탄두 보유량 기하급수적 증대'를 2023년의 중점 기본 과제로 제시한 것도 이런 목표를 달성하기 위한 것으로 분석했습니다.

북한의 목표 보유량으로 추정되는 300기의 핵탄두는 스톡홀름 국제평화연구소(SIPRI) 보고서가 집계한 영국의 215기보다 많고 프랑스 290기나 중국 320기와 엇비슷한 수량입니다(일부 전문가들은 중국의 핵탄두 수량이 실제는 1,000개를 훨씬 넘어 2,000개에 근접할 것으로 추정하기도 합니다). 북한이 최소한 영국이나 프랑스 수준의 핵보유국을 지향하고 있다는 뜻입니다.

현재 북한은 그동안 진행해온 핵탄두의 소형화·경량화·표준화와 투발 수단의 다양화를 통해 이룩한 핵무기 고도화·전력화의 성과를 토대로 세계 9번째의 핵보유국 지위를 '불가역적(不可逆的)'으로 만드는 데 성공한 것으로 보입니다. 또한 '핵 무력의 법제화'를 통해 핵무기 사용의 헤게모니를 장악하고 경우에 따라서는 선제적 핵 사용이 가능하도록 명문화했습니다. 여기서 한 걸음 더 나아가, 핵무기 생산량을 수백 기로 대폭 늘려 동북아 지역의 군사 패권을 쥐려는 북한의 야심마저 엿보이는 형국입니다.

"우리의 경애하는 최고 지도자가 핵무기를 통해 세계를 지배할 것이며, 미국이 아닌 주체 조선에 의해 세계 질서가 재편될 것이다" 라고 강조해 마지않는 북한 노동당의 주장에서 이런 야심은 과장 되지만 숨김없이 드러납니다. 북한의 입장에서 이제 핵무기는 체제 보위(體制保衛)를 위한 방어 수단을 넘어서는 그 이상의 것이 된 것 으로 보입니다. 한 한반도 전문가는 핵무기 대량 보유를 통해 북한 이 "중국에도 맞설 정도로 힘 있는 나라가 되길 원할 것"(미국 랜드연 구소 브루스 베넷 선임연구원)이라는 분석을 내놓기도 합니다.

북한은 2021년 1월의 조선노동당 제8차 대회에서 채택된 '국방 과학발전 및 무기체계개발 5개년계획'(2021~2025)에 따른 전략 무기 부문 최우선 5대 과업을 달성하기 위해 자체 프로세스를 차근차근 진행해왔습니다. 5대 과업에 포함된 여러 과제 가운데 현재까지 완 성했거나 완성에 근접한 것으로 평가되는 과제에는 극초음속 활공 비행 전투부(극초음속 미사일), 고체 발동기 대륙간탄도로켓(고체연 료 ICBM), 수중발사 핵 전략 무기(무인 핵 어뢰 '해일') 등의 개발과 1만 5,000km 사정권 안의 타격 명중률 제고가 포함됩니다.

이 중에서 극초음속 미사일은 탄도미사일의 파괴력과 순항미사일의 정밀도를 두루 갖춘 첨단 무기로, 마하 5 이상의 빠른 속도로 물수제비처럼 불규칙하게 활공하기 때문에 탐지와 요격이 사실상 불가능합니다. 북한은 2022년 연초에 이 미사일의 두 번째 시험 발사를 진행했는데, 이를 두고 "5개년 계획의 전략 무기 부문 최우선 과업 중 가장 중요한 핵심 과업을 완수"《노동신문》한 것이라 주장했습니다. 내부 프로세스에 의한 실험일 뿐, 무력 도발이 아니라는 표현입니다.

또 하나, 북한이 군사용 정찰 위성의 발사 실험을 연이어 성공할 수 있을지 여부를 눈여겨볼 필요가 있습니다. 핵무기의 '눈' 역할을 하는 정찰 위성의 발사 성공은 북한 노동당 8기 6차 중전 회의가 '2023년 국방력 강화의 4대 목표' 중 하나로 제시했던 북한의 최우선 당면 과제입니다. 당 8기 6차 중전 회의는 "최단기간 내에 조선민주주의인민공화국의 첫 군사 위성을 발사할 것"을 호언장담했지만, 2023년 5월과 8월 두 번의 실험에서는 발사에 실패했습니다. 북한은 2023년 10월에 세 번째 정찰 위성 발사 시험을 하겠다고 공언했는데, 그보다 조금 늦은 11월 21일 '만리경-1'호 위성을 발사해 우주 궤도에 안착시켰습니다. 첫 군사 정찰 위성 발사에 성공한 것입니다.

그런데 '만리경-1'호 같은 구식 위성은 날씨의 영향을 많이 받기 때문에 하나만으로는 군사 정찰의 한계가 뚜렷합니다. 그렇기에 북한은 2024년 5월 27일의 2호기 정찰 위성 발사를 강행했지만 실패하고, 머지않은 시기에 다시 발사를 시도할 가능성이 큰 것으로 분석됩니다. 2024년 국정원은 국정감사에서 "현재 북한은 첨단 부품을 도입하고, 러시아와 기술 협력을 해 지난 5월 실패한 군사 정찰 위성을 다시 발사할 준비를 하고 있는 것으로 보인다"고 보고했습니다. 11월에 통일부 당국자는 북한의 발사 공언에도 불구하고 구체적인 동향은 포착되지 않는다고 밝힌 반면 신원식 국가안보실장이 연내에 군사 정찰 위성을 발사할 가능성이 크다고 평가했습니다.

그런데 북한이 연이어 정찰 위성을 지구 궤도에 안착시키는 데 성공한다면, 이는 2023년 9월과 2024년 6월의 북·러 정상회담을 통해 러시아로부터 관련 기술의 지원을 받은 결과일 수 있다는 관측이 나오고 있습니다. 그렇다면 북한이 러시아에 군대 파병을 강행한 반대급부의 하나가 되는 셈입니다.

북한이 군사용 정찰 위성 발사를 성공적으로 실행하고 나면, 북한의 핵 개발 이력에서 남은 옵션은 핵추진 잠수함(핵잠수함)의 건조뿐입니다. 핵에너지를 동력으로 사용하는 핵잠수함은 '움직이는 원자력발전소'라 불리며, 연료 보급이 필요하지 않기 때문에 디젤 엔진 잠수함에 비해 훨씬 장기간 수중 임무를 수행할 수 있습니다.

이는 세계적으로 6개국만이 보유하고 있는 대표적인 비대칭 전력(非對稱戰力)으로, NPT에서 핵무기 보유국으로 인정한 미국·영국·러시아·프랑스·중국을 제외하면 유일하게 인도만이 보유한 선진 잠수함입니다. 북한은 2021년 초의 노동당 8차 대회에서 김정은 위원장이 극초음속 미사일, 정찰 위성, 무인 전투기(UCAV)와 함께 직접 보유를 공식 선언한 바 있습니다.

엄밀히 따지면 핵잠수함도 두 종류로 나뉘는데, 잠수함 발사용 핵 탄도미사일(SLBM)을 장착한 전략 핵추진 잠수함(SSBN: Strategic Submarine Ballistic Nuclear)과 일반 핵추진 잠수함(SSN)이 그것입니다. 보통 핵잠수함이라 하면, SSBN을 지칭하는 게 일반적입니다. 북한이 건조를 선언한 핵잠수함은 당연히 '신형 핵미사일을 탑재한 원자력 잠수함'인 SSBN입니다.

첨단 탐지 회피 기술과 고도의 핵 투발 수단을 갖춘 선진 강국 SSBN 한 척의 전력은 비공식 핵보유국 한 나라의 핵전력과 비견됩니다. SSBN은 본토에서 전쟁 수행이 불가능해진 최악의 경우에도 독자적으로 작전을 수행할 수 있는 최고의 전략 자산이기 때문입니다. SSN의 도입이나 건조를 추진 중인 나라로는 비핵 국가인 브라질과 호주가 있는데, 두 나라 모두 일정상 2030년대나 돼서야 핵추진 잠수함 보유국 반열에 오를 수 있을 것으로 보입니다.

한편, 북한이 7차 핵실험을 위한 준비를 마치고 시기를 저울질하고 있다는 관측이 2023년 이래로 꾸준히 제기되고 있습니다. 북한이 지금껏 핵실험을 진행해왔던 함경북도 길주군 풍계리의 핵실험장에서 지하 갱도를 복구하고 건물을 신축·보수한 사실이 위성사진으로 확인되면서부터입니다.

북한은 2022년 상반기에 풍계리 핵실험장의 3번 갱도를 복구해 기폭장치를 설치하고 통신선을 깐 후 다시 매운 것으로 알려졌습니다. 최고 지도자가 결단하면 언제든 핵실험을 결행할 수 있는 준비태세를 갖춘 것입니다. 7차 핵실험이 강행된다면 한국을 가상 표적으로 한 전술핵탄두의 위력 실험일 것이란 예상들이 많습니다. 반면에 북한이 '화성-19형' 시험 발사로 도발의 수위를 조절했을 것이라는 분석도 존재합니다.

이번에 복구된 풍계리 핵실험장은 2018년 4월 남북 정상의 '판문점 선언' 직후에 북한이 한국과 미국 등 5개국 취재진이 지켜보는 가운데 공개적으로 폭파해 폐쇄했던 시설입니다. 당시 북한은 핵실험장의 2~4번 갱도와 부속 건물들을 차례로 폭파하는 모습을 연출함으로써, 남북 정상이 확인한 '한반도의 완전한 비핵화'라는 목표에 한 걸음 다가서기 위해 선제적 조치를 취한 것이라는 후한 평가를 받기도 했습니다.

최근 한·미·일 대 북·중·러의 대립이라는 '신냉전'이 가속화하는 상황에서, 만일 북한이 7차 핵실험을 강행한다면, 한반도 정세는 예측할 수 없는 격랑(激浪)으로 빠져들 것입니다. 한반도의 긴장과 위기가 최고조에 이르면서, '2017년 핵위기' 이상의 위기가 찾아올 가능성을 배제할 수 없습니다. 북한의 핵 도발에 대응해 미국이 전략 자산을 한반도로 전개시켜 북한을 압박하고, 이에 반발한 북한이 또다시 핵무기 운용 부대들의 훈련을 명분으로 핵 도발에 나서는 악순환이 벌어질 가능성이 큽니다.

규모가 커지고 빈도가 잦아진 한·미 연합 훈련을 빌미로 북한이 핵무기 발사를 포함한 무력시위를 벌이고, 이를 제압하기 위해 한미가 더 강도 높은 훈련으로 대응하는 시나리오도 생각할 수 있습니다. 어떤 경우든 미·중 경제 전쟁과 우크라이나 전쟁 등으로 이미 어려움을 겪고 있는 한국 경제를 깊은 침체의 늪에 빠트리고 민생을 더욱 고단하게 만들 것이 자명합니다.

윤석열 정부는 한·미동맹의 강화와 한·일협력의 확대를 통해 북한을 최대한 압박하는 대북 봉쇄 정책(對北封鎖政策)을 펼치고 있습니다. 이런 대외 정책을 '가치 외교(價値外交)'라는 이름으로 포장하고 있지만, 실상은 낡은 이데올로기에 집착하는 시대착오적 '진영 외교(陣營外交)'에 지나지 않습니다. 각국의 이해관계가 복합적이고 다층적으로 교차하는 국제사회에서 성급하게 어느 일방의 편에 선다는 것은 스스로 운신의 폭을 제한해버리는 어리석은 행위입니다.

북핵 문제에 대응하는 윤석열 정부의 태도도 마찬가지입니다. 한·미동맹을 선명하게 강조하다 보니, 경제 패권과 우크라이나라는 전장에서 미국과 대립 중인 중국과 러시아와의 관계가 꼬일 수밖에 없게 됩니다. 북한의 핵무기 도발에 대해서 강력한 경고 메시지를 내는 것 말고는 단독으로 할 만한 뾰족한 대응 수단이 없습니다. 전쟁 발발을 각오하고 재래식 무기로 대응할 순 있겠지만, 핵 공격을 유발하고 공멸(共滅)을 초래할 수 있는 위험천만한 도박이라 함부로 꺼낼 수 있는 카드가 못 됩니다.

현재로선 미국의 핵우산 아래서 전략 자산의 한반도 전개를 요청하는 것이 현실적으로 윤석열 정부가 할 수 있는 거의 유일한 선택지가 아닌가 싶습니다. 성급한 편 가르기에 편승(便乘)해 스스로 선택지를 좁힌 결과일 것입니다.

이에 비하면, 북한의 입장은 상대적으로 느긋해 보입니다. 먼저 미국과 중국, 미국과 러시아가 대립하고 있는 국제 정세가 북한에 유리한 환경을 조성하고 있습니다. 북한은 자신들이 7차 핵실험이나 ICBM 실각 발사 같은 새로운 도발을 하더라도, 국제사회가 유엔을 통한 추가 제재를 내리지는 못할 것이라 계산했을 공산이 큽니다. 미·중 간의 첨단 기술 패권 분쟁이 지속되고 우크라이나 전쟁이 장기화하고 있는 국면에서, 거부권을 가진 유엔 안보리 상임이사국인 중국과 러시아가 추가 대북 제재에 찬성할 가능성은 작기 때문입니다.

남한에서 보수 정권이 등장해 한·미 연합 훈련을 확대·강화하는 등 대화와 협상의 여지를 줄인 것도 내부적으로는 추가 핵실험의 명분이 됐을 것입니다. 미국이 대선 국면에 돌입하면서 국제사회에서 북핵 문제에 대한 주목도가 낮아지는 점도 북한에 유리하게 작용할 수 있습니다.

북한 내부에서는 '국방과학발전 및 무기체계개발 5개년계획'을 달성하기까지 최소 다섯 번의 핵실험이 더 필요하다는 목소리가 나온다고 합니다. 실전 배치 단계로 소형화한 전술핵탄두의 실제 폭발력을 확인하기 위한 전술핵 실험은 물론이고, EMP탄과 수소탄의 위력을 점검하려는 실험 준비가 동시다발적으로 진행되고 있다는 소식이 들려옵니다.

북한은 향후 진행될 이 모든 핵실험과 미사일 시험 발사에 대해 자체 계획에 따른 프로세스일 뿐이라는 알리바이를 내세울 것으로 보입니다. 특정 대상을 겨냥한 도발이나 무력시위가 아니라고 강변하는 전략이지요. 아마도 특별한 사정 변경이 없는 한, 북한은 핵 무력 강국을 향한 마이웨이를 멈추지 않을 가능성이 큽니다.

한국의 핵무장을 둘러싼 논란 분출

2020년대 들어 북한이 스스로 천명했던 핵 모라토리움을 깨고 미 본토를 직접 겨냥한 ICBM을 개발하고, '핵 무력 법제화'를 통해 선제적 핵 사용과 비군사적 상황에서의 핵 공격 여지를 열어두며, 남한 지역을 표적으로 한 전술핵 공격 훈련을 실시한 것 등은 북핵 문제를 바라보던 기존의 통념(通念)을 뿌리째 흔들고 있습니다. 자신들의 핵 개발이 미국을 겨냥한 것이지 같은 민족인 남한을 겨냥한 것은 아니라는 그동안의 북한 주장은 설 자리를 잃고 말았습니다.

급기야 '가난한 나라' 북한이 국가 역량을 총동원해 핵 개발에 목을 매는 이유가 단순히 체제 보장에 그치는 것이 아니라는 의심을 받기에 이르렀습니다. 더 이상 북한 지도부의 뇌리에 한반도 비핵화라는 목표가 남아 있다고 믿기는 어렵게 되어버린 형국입니다.

거듭되는 북한 핵 능력의 진전은 필연적으로 심상찮은 후폭풍과 반작용을 불러왔는데, 그중 하나가 한국 안팎에서 우후죽순 분출한 독자 핵무장과 전술핵 재배치, 핵 공유 등을 둘러싼 논란입니다. 구체화된 북한의 핵 위협에 맞서 한국이 어떤 옵션으로 대응해야 하는가가 핵심 쟁점입니다.

먼저, 한국의 독자 핵무장론(獨自核武裝論)이 거침없이 제기되고 있습니다. 한·미동맹을 의식해 조심스러워하던 이전과는 확연히 다른 분위기입니다. 핵무장론자들은 북한이 핵을 보유하지 않은 한국을 겨냥해 전술핵(戰術核) 공격 훈련까지 하는 마당에, 한국이 독자 핵무장에 나서 핵자강(核自强)을 이뤄야 한다고 주장합니다.

한국이 핵무기를 보유해 남북 간 '공포(恐怖)의 균형(均衡)'을 맞추고 핵 공격이 공멸(共滅)에 이르는 길임을 피차 분명하게 인식하는 것이 오히려 핵전쟁을 예방할 수 있다는 논리입니다. 자체 핵무장을 통해 남북한의 핵전력에 균형을 맞춰야 북한이 한국의 반격을 우려하지 않을 수 없고, 그렇기 때문에 한반도에서 핵전쟁이 일어날 가능성이 작아진다는 주장입니다.

이전에는 소수의 주장에 불과했던 한국의 독자 핵무장론은 북핵 위협이 현실화하면서 폭넓은 국민 여론의 지지를 받고 있습니다. 2021년 이후 실시된 각종 여론조사에 따르면, 한국의 독자적 핵무장을 지지하는 응답이 한 곳의 조사를 빼고는 모두 70%를 넘게 나타납니다.* 2024년 1월에 실시한 최종현학술원과 한국갤럽 조사에서도 국민의 72.8%가 한국의 핵무장을 지지하는 것으로 나

---

* 2021년 시카고 국제 문제 협의회 조사 71%, 2022년 3월 아산정책연구원 조사 70.2%, 6월 사단법인 샌드연구소 조사 74.9%, 7월 서울대 통일평화연구원 조사 55.5%, 2023년 1월 최종현학술원과 한국갤럽 조사 77.6%.

타났습니다.

한국인 3/4 정도가 고도화된 북한의 핵 능력을 현실적인 위협으로 받아들이고 있으며, 미국의 핵우산이 한국을 북한의 핵 공격으로부터 지켜줄 것이라는 신뢰가 그다지 강하지 않다는 사실을 확인해주는 조사 결과입니다. 특히 후자는 응답자의 절반인 51.3%가 미국이 한반도 유사시 핵 억지력을 행사하리라 생각하지 않는다고 답했다는 2023년의 최종현학술원 여론조사 결과에서 그대로 드러납니다. 2024년도 조사에서 같은 질문에 60.8%가 미국이 핵 억지력을 행사하지 않을 것이라고 답해 1년 사이 부정적 응답이 더 높아진 것을 확인할 수 있습니다.

한마디로 한국 국민 다수는 현실적으로 미국이 워싱턴과 뉴욕이 핵 공격을 당할 위험을 무릅쓰고 한국을 보호해주지는 않을 것이라고 믿는다는 이야기입니다. 이 점과 관련해, 핵무장론자들은 과거 프랑스가 미국이 소련으로부터 파리를 지키기 위해 뉴욕을 희생시키지 않을 것이란 가설에 입각해, 북대서양조약기구(NATO)를 탈퇴하고 핵무장에 나섰던 사례를 거론하기도 합니다.

급기야 2023년 1월 대통령의 입에서 북한 핵 문제가 더 심각해질 경우 한국이 자체 핵을 보유할 수 있다는 발언까지 나왔습니다.* 비록 단서를 달긴 했지만, 한국의 대통령이 자체 핵무장 가능성을 언급한 것은 역사상 처음 있는 일입니다. 대통령실은 "북핵 위

---

* 1월 11일 국방부와 외교부 신년 업무보고.

협에 단호하게 대응해야 한다는 원론적인 입장을 밝힌 것"이라 해명했지만, 한·미의 핵 정책을 테이블에 올려 논의하자는 간접적인 대미 압박이었던 것으로 해석됩니다.

한국의 핵무장을 주장하는 전문가 그룹 모임인 '한반도 평화와 번영을 위한 핵자강 전략포럼'(대표 정성장 세종연구소 통일전략연구실장)은 2022년 11월 출범과 함께 한국의 핵무장을 위한 나름의 프로세스를 제시하고 나섰습니다. 만일 북한이 제7차 핵실험을 감행한다면 한국이 NPT를 탈퇴하고, 북한이 6개월 내에 비핵화 협상에 복귀하지 않으면 미국과의 협의 아래 한국이 독자적인 핵무기 생산을 시작해야 한다는 것입니다. 북한의 7차 핵실험 강행과 북한의 비핵화 협상 미복귀, 미국과의 협의라는 세 가지 전제가 붙은 것에서 알 수 있듯, 한국의 핵무장은 그만큼 민감하고도 난해한 고차 방정식입니다.

한국의 독자 핵무장을 향한 여정의 첫 번째 난관은 NPT 탈퇴로부터 시작됩니다. 미국 세계 전략의 핵심축 중 하나인 NPT에서 탈퇴한다는 것은 한국이 미국의 핵우산에서 이탈한다는 뜻입니다. 한국의 NPT 탈퇴는 주한미군 주둔과 핵우산 제공을 두 축으로 전쟁 억지력을 제공해온 한·미동맹의 근간을 훼손하는 결과를 초래하게 됩니다.

더 큰 문제는 NPT 탈퇴와 함께 국제사회의 강도 높은 제재가 시작된다는 점입니다. 한국이 외교적으로 고립되는 것은 물론, 통상의 제한이나 금지로 인한 거대한 경제적 손실을 감당해야 합니다. '무역으로 먹고사는 나라' 한국의 입장에서는 경제 붕괴(經濟崩壞)라는 대재앙을 불러들이게 될지도 모를 위험천만한 선택이 아닐 수 없습니다.

사실 한국의 핵무장을 결정할 키는 미국이 쥐고 있습니다. 미국이 허용하고 인정할지가 관건입니다. 크게 부각되지는 않았지만 이미 한국은 핵 문제와 관련해 미국 등 국제사회와 두 번 충돌한 경험이 있습니다.

1970년대 박정희 정권 시절 한국은 비밀리에 핵 개발 프로젝트를 추진하다 미국이 이를 알아챈 적이 있습니다. 미국은 핵 개발을 포기하라 종용했고, 그 대가로 한국에 핵우산을 제공하겠다고 약속했습니다.

2000년 연초에는 원자력연구소의 연구원 몇 명이 '학문적 호기심'에서 농도 10%의 농축우라늄 극미량(0.2g)을 추출한 적이 있었는데, 이 사실을 뒤늦게 국제원자력기구(IAEA)에 신고했다가 두 차례나 IAEA의 사찰을 받아야 했습니다. 핵 개발 실험을 한 게 아니냐는 국제사회의 의심 때문이었습니다.

추출 당시에는 IAEA 신고 사항이 아니었던 것이 2004년 국회가 비준한 'IAEA 안전 조치 추가 의정서'에 따라 새로 신고 대상이 되었기 때문에 조치를 취한 것인데, 일부 외신들이 이를 무리하게 핵무기 개발 의혹으로 연결시키는 바람에 정부와 관계자들이 곤욕을 치러야 했습니다. 국제사회가 비핵 국가들의 핵 개발에 대해 얼마나 민감하게 반응하는지를 단적으로 보여주는 사례였습니다.

결론부터 이야기하자면, 현 단계에서 미국이 한국의 핵무장을 용인할 가능성은 거의 없습니다. 미국의 입장에서는 한국에 핵우산을 제공하며 한·미동맹의 틀 안에 묶어놓고 있는 것이 전략적으로 유리합니다.

북한의 핵 위협이 고조될수록 한국의 대미 안보 의존은 심화될 것이고, 중국이나 러시아와의 대결 구도에서 한국을 확실한 우군으로 포진시킬 수 있습니다. 군사적 의존의 대가로 경제적 양보라는 계산서를 내밀기도 수월합니다. 미국이 한국과 일본, 인도, 호주, 뉴질랜드를 묶어 대중국 포위망을 구축하고 있는 정황도 한국의 이탈을 불러올 핵무장에 동의할 가능성의 여지를 좁힙니다.

반대로 미국이 한국의 핵무장을 묵인할 경우 한국은 자국의 이해에 충실한 자주적인 대외 관계를 펼칠 공산이 큽니다. 주권국가인 한국이 국제사회에서 미국의 이익에 반하는 선택을 해도 미국의 입장에서는 어쩔 도리가 없습니다. 예컨대 한국이 경제적 필요에 따라 중국이나 러시아와 밀착하는 경우가 충분히 있을 수 있다는 얘기입니다.

그리고 이 모든 경우의 수가 일본에도 그대로 적용된다는 점에서, 미국이 한국의 핵무장을 용인하지 않을 가능성은 더욱 선명해집니다. 미국은 만만찮은 경제력을 지닌 두 나라가 다루기 힘든 골치 아픈 존재가 되는 일을 만들지 않으려 할 것이 분명합니다.

한국의 핵무장론자들이 주장하는 북한의 대미 핵 타격 능력도 아직은 물음표에 가깝습니다. 미국이 실제 위협으로 받아들일 만한 북한의 핵 무력이 있다면 전략핵 잠수함과 고체연료 ICBM 정도일 것입니다. 전략핵 잠수함은 북한이 아직 건조하지 못한 게 확실하고, 고체연료 ICBM은 실전에서 써먹을 수 있을지 제대로 검증된 바가 없습니다. 미국 본토를 사정권에 둔 액체연료 ICBM은 발사 준비 단계에서 첨단 정찰 자산으로 탐지해 제압할 수 있는데, 미국이 북한의 ICBM 시험 발사 징후를 미리 포착하고 관찰한 사례가 여러 번인 것으로 알려지고 있습니다.

실재하는 북한의 대미 핵 위협 무기는 고체연료 ICBM뿐입니다. 그런데 이마저도 아직 온전한 대기권 재진입 기술을 갖췄다는 증거는 없습니다. 북한이 ICBM을 정상 각도로 발사해 이를 입증한 적이 없는 데다, 숱한 시험 발사를 하면서도 단 한 번도 탄착 지점을 밝히지 않은 점도 이런 혐의를 부채질합니다. 한마디로 미국의 입장에서 북한의 핵 위협은 발등에 떨어진 불이 못 된다는 얘기입니다.

핵무장 반대론자들은 핵무장론자들의 주장이 현실적이지도 않고 바람직하지도 않다고 반박합니다. 한국 경제에 먹구름을 불러오고 한·미동맹을 약화시킬 뿐, 거둘 수 있는 실익(實益)이 거의 없다는 것입니다. 한·미동맹을 강화한다면서 미국의 핵우산에서 이탈하겠다는 것은 그 자체로 논리적 모순이며, 수출로 지탱하는 한국 경제가 외교적 고립과 경제 제재로 심각한 난관에 봉착하게 될 것이라는 입장입니다. 핵 보유를 통해 얻게 될 이득보다 경제적·외교적 손실이 훨씬 크다는 점에서, 핵무장론은 국민의 불안감에 편승한 안보 포퓰리즘에 불과하다는 것이 핵무장 반대론자들의 주장입니다.

한국의 독자 핵무장을 주장하려면, 그 전에 전시 작전권 반환부터 요구하는 게 순서라는 지적도 있습니다. 덜렁 핵무기만 가진다고 자주국방이 이루지는 게 아니라는 것입니다.

한국의 독자 핵무장이 실현되기 어려운 현실을 감안해 대안으로 등장한 방안이 전술핵 재배치입니다. 미국이 한반도에서 철수시켰던 전술핵을 다시 배치해 달라는 주장입니다. 한국이 NPT를 탈퇴하지 않으면서 북핵 위협에 대응할 수 있는 차선의 선택이라는 것입니다. 미국은 1990년대 초반 새로 체결된 '전략 무기 감축 조약'에 따라 주한미군에 배치했던 전술핵을 철수시킨 바 있습니다.

일각에서는 핵 보유 회원국의 핵을 비핵 회원국에 배치하는 나토식 핵 공유를 대안으로 거론하기도 합니다. 한국이 자체 핵 개발을 통한 독자 핵무장을 포기하는 대신, 미국의 핵을 한반도에 배치해 대북 억지력을 확보해야 한다는 주장입니다. 전술핵 재배치와 같은 내용입니다.

이 주장을 펴는 사람들은 북한의 핵 위협이 직접 남한을 겨냥하기 시작한 만큼, 대응 방안에도 근본적인 변화를 줘야 한다고 주장합니다. 이들은 특히 2022년 4월과 2024년 8월 북한이 전술핵무기를 전방 부대에 실전 배치하겠다는 방침을 밝힌 사실에 주목합니다. 북한이 전술핵을 사용한 국지전을 도발할 가능성이 상대적으로 높아진 만큼, 주한미군에 전술핵을 다시 배치해 유사시 최단

시간 안에 맞춤 반격이 가능하도록 상응한 태세를 갖춰야 한다고 주장하고 있습니다.

이들은 전술핵 배치가 미국의 핵우산 공약에 대한 내외의 신뢰를 높이고 북한의 도발을 억제하는 효과를 낼 것이라고 기대합니다. 또한, 미국의 입장에서도 북핵 억제는 물론이고, 중국의 중거리 핵미사일을 견제하는 효과도 노릴 수 있으리라 봅니다. 나아가 동아시아의 핵 도미노를 우려하는 중국이 북한의 핵 도발을 자제시키는 부수적 효과도 기대할 수 있으리라 판단합니다.

여당의 몇몇 중진 의원과 미 의회 제임스 리시(James E. Risch) 상원의원(상원 외교위원회 공화당 간사) 등 한·미 양국의 일부 정치인들이 이런 주장에 동조하고 있지만, 실상은 국민 여론을 의식한 립 서비스에 가깝습니다. 정작 한·미 양국 정부는 한반도 전술핵 재배치에 대해 부정적 입장입니다.

필립 골드버그(Philip S. Goldberg) 주한 미국대사는 2022년 10월의 관훈클럽 연설에서 "전술핵 이야기는 무책임하고 위험"하다며 여권 일각의 한반도 전술핵 재배치 주장에 대해 부정적 견해를 분명히 했습니다. 그는 "위협을 증가시키는 핵무기(배치)에 초점을 맞출 게 아니라 오히려 그런 긴장을 늦추기 위해 핵무기를 제거할 필요에 좀 더 초점을 맞춰야 한다"면서 '외교를 통한 (한반도) 비핵화'라는 미국의 대북 정책 목표를 다시 한번 확인했습니다.

한국의 통일부 장관은 국회 답변에서 전술핵 배치가 정부 입장이 아니라며 찬성하지 않는다고 밝혔고, 외교부 장관은 "한국이 전술핵을 배치하거나 자체 핵무장을 하면 오히려 북한의 핵 보유를 정당화할 수 있다"는 지적에 동의했습니다. 미국은 주한미군 전술핵 재배치가 한반도 비핵화의 명분을 약화시킨다고 보고 선택지에서 확실하게 제외하고 있는 것으로 보입니다.

국내외 전문가 대다수는 전술핵 재배치가 북한을 자극하고 주변국의 반발을 초래해 한반도 위기를 한층 고조시킬 것으로 전망합니다. 북한이 미국의 조치를 비난하며 핵·미사일 도발 수위를 높여가며 미국을 상대로 '치킨게임'을 벌일 우려가 있고, 일본을 비롯한 주변국들이 줄줄이 핵무장에 나서면서 동북아 전체가 핵 도미노에 휩싸일 가능성이 크다는 진단입니다.

남한은 남한대로 군사적 열세에 처하지 않기 위해 군비 확충에 나설 수밖에 없고, 중국과 러시아 핵무기의 표적이 되는 리스크까지 떠안아야 합니다. 전술핵 한반도 재배치가 우크라이나와 전쟁 중인 러시아에 전술핵의 사용이나 전진 배치의 빌미로 작용할 수 있다는 우려마저 나오고 있는 상황입니다.

이밖에도 한국의 핵무장과 관련해 다양한 주장들이 분출하고 있습니다. 핵탄두를 만드는 데 필요한 일본 수준의 '핵연료 재처리' 기술만이라도 확보해야 한다는 주장, 한국의 핵무장이 NTP 위반이 아니라는 주장, 한국이 NTP를 탈퇴하더라도 국제 제재를 피할 수 있다는 주장 등입니다. 북핵을 둘러싼 위기가 그동안의 '비핵화' 담론 틀로는 다 담을 수 없을 정도로 복잡해지고 심각해졌다는 방증입니다. 북핵 문제의 양상이 이전과는 다른 국면으로 진입했다는 얘기입니다.

이 중에서 '핵연료 재처리' 기술은 원자력 발전에서 사용한 핵연료를 녹여서 우라늄·플루토늄을 뽑아내는 기술을 말합니다. 원자력 발전에 쓰이는 연료를 재생하는 기술인 동시에, 핵탄두 제조에 필요한 핵물질 원료를 확보하는 기술이기도 합니다. 핵물질의 양산에 가장 유리한 기술이라고 합니다.

일각에서는 한국에서 핵 보유나 전술핵 재배치가 어렵다면, 최소한 일본 수준의 '핵연료 재처리' 능력만이라도 확보하고 있어야 한다는 주장을 펼치고 있습니다. 그래야 점증(漸增)하는 북한의 핵위협에 대비할 수 있다는 사실을 강조하면서 미국을 지속적으로 설득해야 한다는 주장입니다.

한국의 핵무장이 NTP 위반이 아니라는 주장은 NTP의 탈퇴 권리 조항(제10조 1항)을 근거로 합니다. 해당 조항은 "각 당사국은 주권을 행사하는 데 본 조약상의 문제에 관련되는 비상사태가 자국의 지상 이익을 위태롭게 하는 경우엔 본 조약으로부터 탈퇴할 수 있다"고 규정하고 있는데, 북한의 핵·미사일 개발이 바로 이런 경우에 해당돼 한국의 탈퇴 권리가 인정된다는 해석입니다. 이에 대해 구속력이 매우 강한 NTP에서 제10조 1항은 관행적으로 인정되지 않는 점을 들어, 아전인수격 해석이라는 비판이 있습니다. 이 조항을 인정하게 되면 무분별한 핵확산을 막을 길이 없어진다는 지적입니다.

한국이 NTP를 탈퇴하더라도 상대적으로 약한 제재를 받거나 거의 제재를 받지 않을 수 있다고 주장하는 전문가도 있습니다. 한국이 글로벌 가치 사슬의 핵심 고리에 위치하기 때문에, 정교한 전략을 세워 미국이나 관련국들을 설득하면 제재를 최소화할 수 있다는 논리입니다.

한국의 핵무장에 대한 키를 쥐고 있는 미국의 입장은 2023년 4월 한·미 정상이 서명한 '워싱턴 선언'에서 그대로 드러납니다. 선언의 핵심은 두 가지로, 양국이 '핵 협의 그룹(NCG: Nuclear Consultative Group)'을 만들어 미국의 핵우산 제공 계획을 공유·논의하고, 미 전략 자산을 더 자주 한반도에 전개한다는 것입니다.

전자의 '핵 협의 그룹'은 나토의 '핵 기획 그룹(NPG: Nuclear Planning Group)'과 이름이 비슷한데, 내용은 딴판입니다. 나토가 회원국의 공군 기지에서 핵을 공유하며 함께 운용해나가는 것과는 달리, 한·미 간에는 미국이 세운 핵 운용 계획을 두고 상의하는 수준에 불과합니다. 가장 큰 차이는 바로 핵무기 배치 여부입니다. 북대서양조약기구(NATO)의 '핵 기획 그룹(NPG)'에 포함된 독일·이탈리아·네덜란드·벨기에·튀르키예 5개국에는 미국의 핵무기가 배치된 상태이지만 한·미 핵 협의 그룹(NCG)은 '한반도 비핵화'라는 기존의 틀을 따릅니다. 에드거드 케이건(Edgard D. Kagan) 백악관 국가안보회의(NSC) 동아시아·오세아니아 담당 국장이 한국 특파원과의 간담회에서 "직설적으로 말하자면 '사실상의 핵 공유'라고 보지 않는다"고 말한 것도 굳이 이 사실을 부정할 필요가 없어서일 것입니다.

정상들의 선언문에서는 이례적으로 한국의 NPT 회원국의 의무를 강조했는데, 한국의 핵 개발을 막기 위해 이 문구를 넣은 것으로 보입니다. 종합하면 한국 핵무장 및 전술핵 재배치 포기를 '핵 협의 그룹' 창설과 맞바꾼 모양새입니다. 북핵의 무력화보다는 한국 핵 개발 포기에 더 방점을 찍은 듯한 선언문인 셈인데, 아마 이게 미국의 본심에 가까울 것입니다.

지금까지 확인된 미국 바이든 행정부의 대북 정책 기조는 한반도 비핵화의 달성에 맞춰져 있는 것으로 판단됩니다. 바이든 행정부의 출범 초기 제이크 설리번(Jake Sullivan) 백악관 국가안보보좌관은 한 언론 인터뷰*에서 바이든 행정부의 대북 정책은 궁극적으로 한반도의 완전한 비핵화를 달성하는 것을 목표로 한다고 밝혔습니다. 미국은 외교에 관여할 준비가 되어 있다며 북한과의 대화 의지를 강조했는데, 앞서 살펴본 골드버그 대사의 '외교를 통한 (한반도) 비핵화' 발언과 같은 내용입니다. 북한의 핵·미사일 도발에는 상응한 조치로 대처하되, 대화를 통한 점진적 비핵화 노력을 포기하지 않겠다는 의지의 표현으로 보입니다. 그동안 한·미 양국이 진행해온 비핵화 노력을 실패로 폄훼하고 군사적 응징이나 한국의 핵무장 등 강경 대응을 주장해온 보수 세력의 기대와는 결이 다른 내용일 것입니다.

그렇다면 향후 지향해야 할 북핵 문제의 기본 방향은 어떠해야

---

* 2021년 5월 2일, 미국 ABC 방송.

할까요? 일단 미국이 북한의 비핵화를 목표로 삼고 있는 이상, 한국도 그 틀을 벗어나가는 힘들 것입니다. 2024년 11월 워싱턴 DC에서 개최된 한·미 정책 컨퍼런스에서 알렉산드라 벨(Alexandra Bell) 국무부 군비 통제·억제·안정 담당 부차관보는 북한이 추가 핵실험 준비를 마쳤으며 정치적 결정만 기다리고 있는 것으로 평가하고 있다고 말하면서 미국의 목표는 한반도의 완전한 비핵화라는 미 정부의 기존 입장을 재확인(再確認)하였습니다.

상식적이고 합리적인 입장의 전문가들은 북한과의 대화 복원이 먼저라고 입을 모읍니다. 과거 사례를 복기해보면, 4자 회담, 6자 회담, 남북 회담, 북·미 회담 등 대화 국면에서는 북한의 핵 능력이 완화되었고, 남북 및 북·미 대립이 격화되었을 때는 북핵이 고도화되는 패턴을 보인 게 팩트라는 것입니다.

어떤 보수 인사는 3차례의 남북 정상회담과 2차례의 북·미 정상회담이 진행되면서 대화 국면이 최고조에 이르렀던 문재인 정부 5년을 "북한이 아무런 방해도 받지 않고 핵무기 개발에 전념"한 시기로 왜곡(歪曲)하기도 합니다. 이 기간에 북한의 핵 및 ICBM 실험이 중단됐던 명백한 사실을 무시한 편향(偏向)된 인식에 불과합니다. 핵 및 ICBM 실험을 안 하겠다고 해서 국가를 표방한 북한이 핵물질 생산이나 미사일 개발에도 손을 놓았으리라 기대하는 것이야말로 유치한 발상입니다.

한·미동맹을 깨고 핵무장에 나서거나 핵 공격의 위험을 무릅쓰고 군사적 응징에 나서지 않는 이상, 한국이 선택할 수 있는 선택지는 많지 않습니다. 미국의 핵우산에 기대어 위기가 잦아들기를 기다리거나, 아니면 북한을 대화의 테이블로 끌어들이기 위해 노력하거나 둘 중의 하나일 것입니다.

전문가들은 윤석열 정부가 '핵 모라토리움'을 선언한 2018년 남북 정상 및 북·미 정상의 합의로 다시 돌아가는 것밖에는 뾰족한 해법이 없다고 말합니다. 한·미가 합동 군사 훈련을 중단하고 북한은 다시 핵 모라토리움을 선언하는 방법 말입니다.

윤석열 정부가 이런 길을 가지 않겠다고 고집을 피우는 데서부터 문제가 꼬입니다. 미국의 핵우산에 숨어서 북한을 향해 거친 말을 쏟아내는 것으로 할 일을 다했다고 생각하는 것은 착각입니다. 한국이 남북 대화의 이니셔티브를 되찾아오고 북·미 대화를 중재(仲裁)하기 위한 노력을 다해야 할 의무가 집권 세력에게는 있습니다.

설사 비상한 노력 끝에 북한을 대화의 테이블로 끌어들여도 북한이 '비핵화'를 의제로 올리는 것을 거부할 수도 있습니다. 핵 무력을 완성했다고 선언하고 핵 정책의 법제화를 통해 핵 강국의 반열에 올랐다고 주장하는 북한이 핵이 없었던 과거로 돌아가겠다고 하지는 않을 것 같기는 합니다.

그런데 북한이 완성했다고 주장하는 핵 능력이 사실은 우수마관(牛首馬關)이요 어질용문(魚質龍紋)일 가능성이 없지는 않습니다. 실전 배치가 가능할 정도로 소형화·경량화에 성공했다는 핵탄두의 위력을 실제 검증한 바가 없고, 핵탄두를 탑재한 전술핵 잠수함이 제대로 운용될 수 있을지, 수천 km를 날아간 탄도미사일이 성공적으로 표적을 타격할 수 있을지 등이 아직 확인되지 않았습니다. 심지어는 아직 발사 실험도 끝나지 않은 탄도미사일을 운용하는 부대가 열병식에 등장한 적도 있습니다. 쉽지는 않겠지만, 북한을 비핵화 논의로 이끌 수 있는 북한의 약한 고리가 전혀 없지 않다는 이야기입니다.

북한과의 대화를 성사시키고 대화 모멘텀을 유지하기 위해 미국 등이 비핵화가 아닌 군축(軍縮)을 의제로 올릴 수도 있을 것입니다. 100년 역사의 미국외교협회를 오랫동안 이끌다 퇴임한 리차드 하스(Richard Haass) 전 회장의 다음 말이 이런 가능성을 시사합니다.

"완전한 비핵화를 목표로 하더라도, 미국과 한국, 일본은 제재 완화를 대가로 북한 핵무기의 숫자와 미사일 시스템을 제한하는 형태의 군비 통제안을 (북한에 제안하는 것을) 검토할 필요가 있다."

북핵 문제에 대한 중국의 역할

2023년 6월 말 영세중립국을 표방하는 스위스의 연방정보국 (FIS: Federal Intelligence Service)이 「2023 정세 보고서」라는 제목으로 국제정치 상황을 균형 잡힌 시각에서 분석한 보고서를 발표했습니다. 이 보고서는 지금의 국제정치 상황을 "현 제도·규칙·규범을 따르는 서방 국가들과 이에 의문을 품고 전복하려는 중국·러시아·북한·이란 등의 대립"으로 요약하면서, 특히 대량 살상 무기 (WMD: Weapon of Mass Destruction) 확산에 주목해 북핵 문제를 주요하게 다뤘습니다.

보고서는 2019년 이후 북한이 유례없이 다양한 미사일 시험 발사를 선보이고 발사 플랫폼도 다양화하고 있다면서, 이 모든 실험이 개발 목적이나 정치적 동기보다는 작전 능력 향상에 초점이 맞춰져 있다고 분석했습니다. 또 북한이 28개 이상의 현대식 고체연료 미사일 포대를 보유했을 가능성이 있으며, 위력적인 고체연료 미사일의 비중을 늘려나가고 있는 것으로 관측했습니다. 보고서는 북한이 계속 핵·미사일 프로그램을 진전시켜 나가려 할 것이고, 실험장 준비가 끝난 것으로 봐서 2023년에 핵실험을 실시할 가능성이 크다는 전망을 하기도 했습니다. 전망과는 달리, 2024년 11월 말 현재까지 북한의 7차 핵실험은 이뤄지지 않고 있습니다.

FIS는 보고서에서 아래와 같은 의미심장한 문구를 하나 추가했습니다. "제3국들이 아마도 대만을 둘러싼 무력 충돌 시 미군을 묶어두기 위해 북한의 무장을 계속 지원할 것이다." 비록 제3국이 어떤 나라인지 명시하지는 않았지만, 북한의 핵·미사일 개발에 중국이 관여했을 가능성을 시사한 대목입니다.

폐쇄적인 자급자족경제를 추구하던 저개발 국가 북한은 국가의 명운을 걸고 일찌감치 핵 개발에 뛰어들었습니다. 사회주의권 몰락 이후 '외화 벌이'가 여의치 않은 상황에서도, 만성적인 경제난을 견디며 핵 개발이라는 고난의 행군을 멈춘 적이 없습니다. 그동안 북한은 '자력 갱생 경제 발전' 노선이라는 이름 아래 고립을 자처하며 '혈맹(血盟)'인 중국에서 부족한 물자를 공급받고, 천연자원과 노동력을 수출해 근근이 '외화 벌이'를 해오던 터였습니다. 전 세계에서 39개국이 핵무장을 모색하다가 대부분 포기했다는 연구(Benoit Pelopidas) 결과에 비춰보면, 북한의 핵 개발 노력은 눈물겹기조차 합니다.

미스터리는 이런 상황에서 북한이, 그것도 국제사회의 집중적인 견제와 제재를 받던 시기에 어떻게 핵 개발에 진력할 수 있었느냐에 있습니다.

1993년 북한의 NPT 탈퇴 선언 이후 국제사회는 북한이 핵실험을 하거나 장거리 탄도미사일 시험 발사를 할 때마다 유엔 안보리 차원에서 대북 제재를 강화하면서 북한을 압박해왔습니다. 핵실험이 거듭될수록 제재의 방법은 더 추가되었고 제재를 받는 기관과 개인의 숫자가 늘어났습니다. 특히 핵 개발이나 무기 거래와 관련 있는 개인이나 기관에 대해서는 여행 제한(旅行制限)과 자산 동결(資産凍結)을 명시해 손발과 자금줄을 묶어버렸습니다.

이런 국제사회의 제재는 김정은 국무위원장이 공개석상에서 제재로 인한 경제적 어려움을 인정할 정도로 상당한 효력을 발휘한 것으로 보입니다. 미국의 트럼프 행정부가 대중 패권 전쟁의 불을 붙인 이래 유엔 안보리의 대북 제재가 개점 휴업 상태가 이르기 전까지는….

그런데 국제사회의 제재가 날이 갈수록 강화되고 광범위해지는 상황에서도 북한은 핵 능력을 고도화하기 위한 노력을 멈춘 적이 없습니다. 북한이 이렇게 할 수 있었던 데는 믿는 구석이 있어서였을 것입니다. 국제사회는 그런 북한의 뒷배가 대북 제재에 소극적인 중국과 그에 동조하는 러시아일 것으로 보고 있습니다. 앞서 인용한 스위스 정보국의 보고서는 이런 국제사회의 평균적인 인식을 보여주는 예일 것입니다. 특히 미국은 중국과 러시아가 자국의 금융기관들을 통해 북한과 은밀하게 거래하면서 북한의 핵실험을 묵인하고 있는 것으로 의심하고 있습니다.

국제사회가 대북 제재를 통해 달성하려 했던 목표를 현실로 만들 수 있는 나라는 이 지구상에서 중국뿐입니다. 중국은 국제사회에서 군사적 옵션이 아닌 방법으로, 북한의 핵·미사일의 동결이나 도발 중지라는 목표를 실현해낼 수 있는 유일한 나라일 것입니다. 북한과 국경을 맞대고 있는 중국은 다른 어느 나라보다도 북한을 실질적으로 압박할 수 있는 제재 수단을 많이 가지고 있습니다.

우선 북한 경제는 중국 없이는 지탱이 불가능할 정도로 중국 의존도가 높습니다. 대외무역의 90% 이상, 원유 공급의 50%를 중국에 의존합니다. 북한의 주요 '외화 벌이' 수단인 대중국 인력 송출 규모도 수만 명에 이를 것으로 추산됩니다. 중국이 마음만 먹으면 북한의 목숨줄을 쥐고 흔들 수 있다는 얘기입니다. 최근 러시아-우크라이나 전쟁에 사상 최초 해외 파병하기로 한 북한의 결정은 당연히 군사적인 고려도 있겠지만 러시아를 통해 식량과 에너지난을 해결하면서 동시에 중국에 대한 경제 의존도를 줄이기 위한 돌파구가 필요했기 때문일 것입니다.

상황이 이렇다 보니, 국제사회가 '중국 역할론'을 거론하며 중국에 적극적인 대북 제재 동참을 요구하는 것은 어찌 보면 당연해 보입니다. 중국이 행사할 수 있는 강력한 대북 제재 수단으로 가장 많이 거론되는 것이 국경 폐쇄와 원유 공급 중단입니다.

그런데 정작 중국은 대북 원유 공급 문제에서 미심쩍은 태도를 취하고 있습니다. 북한의 연간 석유 소비량은 100만t 정도로 추산하는데, 중국은 이 중에서 연간 원유 50여 만t과 휘발유 등의 정제유 20만t을 유·무상으로 북한에 공급하는 것으로 알려져 있습니다. 북한이 주요 에너지원의 3/4 가까이를 중국에 의탁하고 있는 셈입니다.

그런데 어찌 된 셈인지 중국은 2014년부터 대북 원유 수출 물량을 집계하지 않고 있습니다. 원유 수출 자체를 중단한 것은 아니면서도, 중단된 것처럼 보이기 위한 꼼수이지요. 유엔 안보리가 2017년부터 북한의 연간 정제 석유 및 원유 수입량을 상한선 아래로 제한하는 제재를 시행하고 있는데, 이를 우회하기 위한 전략으로 보입니다. 국제사회가 유엔의 대북 제재 결의를 성실하게 이행하고 있다고 주장해온 중국 정부의 립 서비스에 의혹의 눈초리를 보내는 이유입니다.

미국은 북한 제재에 소극적인 중국을 향해 '중국 역할론', '중국 책임론'을 제기하며 중국의 적극적인 동참을 요구하고 있습니다. 특히 1기 트럼프 행정부 시절에는 직접 중국의 대북 원유 지원 문제를 거론하며 중국의 책임 있는 역할을 촉구하며 중국을 압박했습니다. 트럼프 정부 첫 국무 장관이었던 렉스 틸러슨(Rex W. Tillerson) 장관이 "중국은 북한 정권이 도발을 다시 생각하게 할 정도의 영향력을 갖고 있지만, 그동안 충분히 쓰지 않았다"는 불만을 표시한 게 이런 기류를 대변합니다.

트럼프 행정부로부터 대중 경제 패권 전쟁의 전선을 물려받은 바이든 행정부도 중국의 태도에 대한 불만을 가진 건 마찬가지였습니다. 토니 블링컨(Antony J. Blinken) 미 국무 장관은 2023년 6월 방중 당시 "중국은 북한이 대화에 나서게 하고, 위험한 행동을 중단하게 압박할 '특수한 위치'에 있다"라는 말로 대북 제재에 소극적인 중국을 겨냥했습니다. 또한, 2024년 4월 재차 베이징을 방문했을 때에도 북한이 도발을 중단하고 대화에 나오도록 압박할 것을 독려했습니다. 현재 미국의 입장에서 북·중·러 가운데 정상적인 외교 채널이 열려 있고 실질적으로 레버리지를 가진 나라는 중국이 유일하기 때문입니다.

골드버그 미 대사도 앞서 인용한 관훈클럽 연설에서 "북한 미사일 발사나 제재 회피 노력을 막지 못한 중국은 이 같은 위협에 대해 한 일이 거의 없다"고 비판했습니다. 특히 골드버그 대사의 이 발언은 중국이 자국 영해인 산사만(三沙灣)에서 북한 거래 이력이 있는 유조선들의 출현을 방치했던 사정과 관련이 있어 보입니다.

미국은 특히 대중 강경책으로 일관했던 1기 트럼프 행정부 시절에 대북 원유 공급 중단과 같은 강력한 조치를 취하면 북한의 핵을 포기시킬 수 있다고 중국을 압박한 바 있습니다. 전문가들은 충분히 가능한 시나리오라고 평가합니다. 중국이 공급하는 석유는 북한과 연결된 송유관을 통해 공급되는데, 중국이 이 송유관을 차단하면 북한은 석 달도 버티기 힘들다는 것이라는 것이 지배적인 의견입니다. 실제로 중국이 모종의 사건으로 송유관을 일시적으로 잠가 북한에 경고를 보낸 적도 있었다고 합니다.

물론 중국이 미국의 이런 요구를 반대하는 데는 나름의 명분이 있습니다. 원유 공급은 북한 주민의 삶과 직결되는 문제라는 것입니다. 원유가 핵무기의 연료로만 쓰이는 게 아니라 일상생활에 두루 필요한 에너지라는 섬을 상기시킨 것입니다. 무엇보다 중국은 미국과 북한의 대화를 통한 북핵 문제 접근을 강조해왔다는 점에 입각해 미국의 '중국 책임론'을 부정합니다.

북핵 문제와 관련해 중국은 그동안 줄곧 중간자적 입장을 취해왔습니다. 북핵 문제가 기본적으로 미국과 북한 간의 양자 문제이며, 자국은 양자 간 대화의 중개자라는 입장이 그것입니다. 6자 회담이 바로 이런 중국의 입장을 대변하는 북핵 문제의 해결 창구였습니다.

북한의 6차 핵실험과 ICBM 시험 발사로 촉발된 '2017년 북핵 위기' 당시 중국이 내놓은 해법도 이런 입장의 연장선상에 있습니다. 이른바 '쌍중단'(雙中斷: 북한 핵·미사일 도발과 한·미 연합 군사훈련 중단)과 '쌍궤병행'(雙軌竝行: 비핵화 프로세스와 한반도 평화협정 협상 동시 진행) 방안이 그것이지요. 한국 내 보수 인사들이 북한의 입장과 다를 바 없다고 반발하는 방안입니다.

북·중 간의 역사적 관계를 고려하면, 북핵 문제를 대하는 중국의 비적대적 태도를 이해하지 못할 바는 아닙니다. 중국의 입장에서 봤을 때, 북한은 같은 사회주의 형제국이자 한국전쟁 때 같이 피를 흘린 혈맹입니다. 이런 두 나라의 끈끈한 관계는 1961년에 체결된 조·중 동맹조약에 잘 반영되어 있습니다. 이 조약의 2조에 따르면, 어느 한 나라가 침략을 당하면 다른 나라는 '모든 힘을 다하여 지체없이' 돕도록 규정하고 있습니다.

이 조약은 중국이 다른 나라와 체결한 유일한 정치적 쌍무조약(雙務條約)이기도 한데, 그만큼 중국이 대북한 관계를 다른 어떤 대외 관계보다 중시한다는 의미겠죠. 이렇게 중국이 대북 관계를 최우선 순위에 둔 이유는 단지 이념적 동질성에 근거한 동지애 때문만은 아닐 것입니다.

중국의 입장에서 볼 때 북한은 지정학적으로 순망치한(脣亡齒寒) 관계로 비유할 수 있는 중요한 전략적 자산(戰略的資産)입니다. 특히 지나간 냉전 시기에 그 의미는 더 각별했습니다. 중국에는 북한이 적대적 자본주의 세계와 대치하는 최전선이자 반공주의의 세력 확장을 막는 방파제였습니다.

이러한 북·중 간의 특수관계에도 불구하고, 핵무기 개발에 매진해온 북한이 중국 입장에서도 한때는 애물단지였을 것입니다. 사고뭉치 동생을 내치지도, 두둔하지도 못하는 형의 신세와 별반 다르지 않았을 것입니다. 북한의 핵실험과 ICBM 시험 발사에 대응해 채택한 11차례의 유엔 안보리 대북 제재 결의안에 중국이 거부권을 행사하지 않았던 사실이 이를 뒷받침합니다.

유엔 안보리의 대북 제재 결의는 미 본토를 사정권에 둔 '화성-15'형의 실험에 대응한 2017년 말의 제2397호를 마지막으로 더 이상 채택되지 않고 있습니다. 이후 남북과 북·미가 연쇄적인 정상

표 9 유엔의 대북 제재

명칭	시기	근거	주요 내용
안보리 결의 1695호	2006년 7월	미사일 발사	도발 규탄, 탄도미사일 개발 활동 중단 촉구
안보리 결의 1718호	2006년 10월	1차 핵실험	핵, 미사일, 탱크 등 관련 거래 금지
미사일 발사에 따른 제재	2009년 4월	미사일 발사	3개 단체 추가
안보리 결의 1874호	2009년 6월	2차 핵실험	모든 무기 수출 금지
미사일 발사에 따른 제재	2012년 5월	미사일 발사	중국의 반대로 3개 단체만 리스트에 추가
안보리 결의 2087호	2013년 1월	미사일 발사	6자 회담 지지 및 재개 촉구
안보리 결의 2094호	2013년 3월	3차 핵실험	중국과 러시아 찬성(만장일치)
안보리 결의 2270호	2016년 3월	4차 핵실험	항공유 판매 금지 등 최고의 비군사적 제재
안보리 결의 2321호	2016년 12월	5차 핵실험	유엔 회원국 권리 박탈 경고
안보리 결의 2356호	2017년 6월	미사일 발사	기관 46곳, 개인 53명
안보리 결의 2371호	2017년 8월	미사일 발사	북한산 석탄, 철, 철광석 수출 전면 금지
안보리 결의 2375호	2017년 9월	6차 핵실험	정유 제품 공급 연간 200만 배럴로 제한
안보리 결의 2397호	2017년 12월	미사일 발사	정유 제품 감축, 해외 노동자 2년 내 송환
불법 밀수에 대한 제재	2018년 3월		블랙리스트 대거 추가

회담에 들어가고 북한이 스스로 핵·ICBM 모라토리움을 선언하는 등 비핵화의 진전에 따른 것이었습니다. 기존 대북 제재는 유지하되, 새로운 제재가 추가되지는 않는 상황이 한동안 이어졌습니다.

2022년 3월 북한이 '화성-17형'을 시험 발사해 핵·ICBM 모라토리움을 파기한 이후에도 유엔 안보리의 대북 추가 제재 조치는 없었습니다. 북한이 도발을 중지해서 그랬던 것이 아닙니다. 고체 연료 ICBM 실험을 하는 등 북한의 도발 수위는 오히려 높아졌습니다.

그런데도 유엔 안보리가 결의 제재안을 추가하지 못했던 것은 중국과 러시아가 북한 편을 들기 시작했기 때문입니다. 상임이사국인 두 나라가 건건이 제재 결의안 채택에 반대하면서, 유엔 안보리 차원에서 북핵을 견제하는 기능은 사실상 무력화되었습니다. 북한의 입장에서는 확실한 우군이 생기는 상황 반전이 일어난 셈입니다.

한반도를 둘러싸고 한·미·일 대 북·중·러가 대립하는 '신냉전'의 도래는 핵 개발에 돌입하면서 곤궁해진 북한이 처지를 개선할 기회를 제공했습니다. 적어도 중국이나 러시아의 입장에서는 북한의 국제정치적·지정학적 위상이 냉전 시기 못지않게 중요해진 것입니다.

중국의 입장에서는 북한을 유럽의 러시아와 벨라루스의 관계처럼 미국의 대중국 포위망에 맞서는 지원 기지로 활용할 수 있게 되었습니다. 우크라이나의 전장에서 미국과 간접 전쟁을 치르고 있는 러시아의 입장에서는 최근 북한이 주요 군사 협력 파트너로 부상하고 있습니다. 북한의 입장에서도 국제사회의 제재를 우회할 수 있는 경제적·군사적·기술적 지원을 받을 수 있는 든든한 뒷배가 생긴 격입니다. 북·중·러 세 나라가 서로를 필요로 하면서 밀착하는 새로운 정세(情勢)가 조성된 것입니다.

이렇듯 미·중 경제 패권 전쟁과 우크라이나 전쟁이라는 국제정세의 조건은 북핵 문제를 새로운 국면으로 진입시켰습니다. 외형상 일사불란해 보였던 국제사회 대북 제재의 단일 대오가 흐트러졌고, 제재 이행 노력이 이완되기 시작하는 조짐을 보이고 있습니다. 그 틈을 비집고 북한은 핵 능력의 고도화·전력화를 과시하는 각종 투발 수단과 발사 옵션의 실험을 다발적으로 진행해왔습니다.

미 전략 국제 문제 연구소(CSIS)의 집계에 따르면, 북한은 2022년 한 해에만 여덟 차례의 ICBM 시험 발사를 포함해 총 70여 차례 미사일 도발을 감행했는데, 이는 역대 최고의 기록입니다. 참고로 2023년은 25회, 2024년 10월까지는 20회로 추정되는 미사일 도발을 감행했습니다. 더구나 남한을 적으로 상정한 전술핵 훈련과 미국 본토를 겨냥한 ICBM의 시험 발사를 급격하게 증가시켜 충격을 줬습니다.

한국의 윤석열 정부와 미국은 이런 북한의 도발에 대해 한·미 동맹 및 한·미·일 협력의 강화를 기조로 대응하고 있습니다. 구체적으로 한·미 연합 훈련을 강화·확대하고, 미국의 전략 자산을 빈번하게 한반도로 전개시켜 북한을 압박해왔습니다. 2018년 6월 싱가포르 북·미 정상회담 이후 폐지됐던 한·미 연합 훈련을 부활하고, 시뮬레이션으로 진행하던 훈련을 실기동 훈련으로 연결시켰으며, 훈련 참여 부대의 급을 올리는 등 한·미 연합 군사훈련의 빈도와 규모를 상향 조정했습니다. 이에 반발한 북한이 핵무기 운용 부대들의 훈련으로 응수하는 등 한·미와 북한 간의 강 대 강 대치가 잦아들 기미가 보이지 않고 있습니다.

이런 상황에서 2018년 남북 정상이 우발적 군사 충돌을 막기 위해 체결한 남북 군사합의마저 폐지 논란에 휩싸여 있습니다. 문재인 전 대통령의 9·19 평양 공동 선언 5주년 기념식 인사 말씀처럼, 정부·여당에서 나오는 군사합의의 폐지 또는 폐지 검토 주장은 남북 군사 충돌을 막는 '최후의 안전핀'을 뽑자는 말과 다른 바 없는 위험천만한 주장입니다.

거듭되는 북한의 핵·미사일 도발로 고조된 한반도 정세의 불안정성은 그 파장이 한반도에만 미치지 않습니다. 특히 현재 진행중인 미·중 반도체 분쟁과 새로 부상하고 있는 대만 이슈가 결합하면서, 북핵 문제가 지닌 민감성과 휘발성은 더 강해질 것으로 보입니다.

'만리경-1호' 발사 이후의 연이은 정찰 위성 발사와 준비가 끝난 것으로 보이는 7차 핵실험 등 북한의 추가 핵·미사일 도발은 시간 차 없이 동북아 전체의 위기로 귀결될 가능성이 농후합니다. 한미 정부가 상응하는 또는 그 이상의 대응에 나설 것은 불문가지(不

問可知)이고, 동북아 국가들의 국민 여론 또한 들끓을 것입니다.

한국에서는 숨 고르기에 들어갔던 핵무장 또는 핵 공유 주장이 다시 분출할 것이고, 정부는 군비 확충을 더욱 서둘 것입니다. 일본과 대만에서는 핵무기 보유를 검토하기 시작하거나 핵 보유를 위한 준비 프로세스에 착수할 것으로 보입니다. 일본이 '핵연료 재처리' 기술을 통해 추출·보유하고 있는 플루토늄의 양은 1,000개 이상의 핵무기를 만들 수 있는 분량에 해당하는 것으로 알려져 있습니다. 국제 교역의 중심지인 동북아가 핵 도미노와 군비 경쟁의 가속화라는 소용돌이에 휘말리게 된다는 이야기입니다.

북핵에 대응하기 위한 동북아의 '신군비 경쟁'

북한의 핵 위협에 맞선 관련국들의 군사 분야 대응은 이미 시작된 바 있습니다.

2023년도 미국의 국방 예산은 역대급 증액을 기록했는데, 중국의 위협과 북한 ICBM의 위협을 그 배경으로 명시했습니다. 특히 미 국방부는 북한 및 이란 ICBM의 요격 미사일 개발 예산으로 26억 달러(예산안 기준)를 배정했습니다. 북한의 ICBM 도발을 현실의 위협으로 간주했다는 의미입니다.

일본은 2022년 연말 안보 환경의 악화를 명분으로 3대 안보 문서(「국가 안전 보장 전략」, 「국가 방위 전략」, 「방위력 정비 계획」) 개정을 통해 안보 정책의 대전환을 추진하고 있습니다. 주변국의 미사일 위협에 대처하기 위해서 원거리 타격 무기를 확보해 '반격 능력(反擊能力)'을 갖추고, 전후(戰後) 불문율로 여겨왔던 GDP 1% 수준의 방위비 비율을 5년 내 GDP의 2%(관련 예산 포함)로 늘려 방위력을 강화하겠다는 것이 핵심입니다. 구체적으로는 사거리 1,250km 이상인 미국산 '토마호크' 순항미사일을 도입해 적 미사일 발사 거점 등을 공격할 수 있는 '반격 능력'을 갖추고, 자위대를 실질적인 전쟁 수행이 가능한 조직으로 만들어 국방력을 강화하겠다는 계획입니다.

그런데 일본의 '반격 능력' 보유는 적의 공격을 일본 영토 안에서만 격퇴하도록 규정한 현행 평화헌법의 전수방위(專守防衛) 조항과 충돌합니다. 일본이 다시는 침략 전쟁에 나서지 못하도록 헌법에 못 박은 것인데, 일본 정부는 헌법 해석을 바꾸면서까지 군비 확충과 국방력 강화를 밀어붙이고 있습니다.

중국 견제를 위해 일본의 군사적 역할 확대를 기대해온 미국은 일본의 이런 움직임을 적극적으로 지지하고 있습니다. 양국은 2022년 5월의 정상회담에서 3개 안보 문서 개정을 통한 방위력 증강에 의견 일치를 본 바 있습니다.

일본의 2023 회계연도(2023년 4월~2024년 3월) 방위 예산은 3대 안보 문서의 개정 내용을 대폭 반영해 전년도보다 무려 26%가 급증한 금액으로 편성되었습니다. 여기에는 '적 기지 공격 능력'(반격 능력) 보유에 필요한 토마호크 미사일의 구입 비용은 물론이고, 사거리를 늘리고 발사 플랫폼을 다양화한 개량형 미사일의 개발 및 양산에 소요되는 예산, 극초음속 미사일 연구비 등의 다양한 군비 확충 예산이 대거 포함됐습니다.

　중국은 미국의 대중국 경제 전쟁 공세가 시작된 직후인 2018년부터 연 7% 안팎의 증가율을 보이는 국방비를 편성해왔습니다. 중국의 관영 언론은 이 수치를 미국 등 외부 위협과 압박이 가중되는 등의 불안정한 주변 정세 아래서 국가의 주권을 보호하고 평화적 영토 통합을 지향하는 데 필요한 최소한의 수준이라고 옹호했습니다. 중국은 GDP에서 차지하는 국방비의 비중이 1.5%에 불과해, 국방비 규모가 GDP 대비 4%에 이르는 미국과 비교하면 낮은 수준이라는 논리입니다. 또한, 일본과 인도, 영국·프랑스·독일 등 주요 유럽 국가들의 국방비 증가율이 모두 중국의 증가율보다 높은 추세를 보이고 있다며, 중국 국방비의 증가율이 과하지 않은 것이라 주장합니다. 국방 예산의 쓰임새도 노후 전투기 등의 노후 무기 및 장비의 교체, 실사격 훈련 등 지상군 야외 훈련 비용을 포함한 것이라며, 군비 경쟁과는 무관하다고 선을 그었습니다.

　중국 전문가들은 실제 중국 국방비의 증가율이 공개되지 않은 국방 관련 예산을 포함하면 발표 수치의 2~3배에 이를 것으로 전망하고 있습니다. 중국 정부의 발표에 따르면 2024년도의 국방 예산은 전년 대비 7.2% 증가한 1조 6,700억 위안(한화 약 317조 원) 규모로, 중국 정부의 경제성장 목표 5%를 넘어선 것입니다. 대만은 대만대로 2021년부터 5년간 특별 예산을 편성해 해·공군력 전력 증강 사업에 나설 예정이고, 양안(兩岸) 간 군사적 긴장 고조 속에

2025년도의 국방 예산은 전년 대비 7.7% 증가하여 역대 최대인 약 26조 원에 달합니다.

북한의 핵·미사일 도발을 실시간 뉴스로 접하고 북한 전술핵 공격의 표적이 된 한국으로서도 미국의 핵우산에 의지해 손 놓고 있을 수만은 없는 일입니다.

문재인 정부 시절, 한국은 미국과의 협의를 통해 한국의 미사일 사거리와 탄두 총량을 제한해왔던 '한·미 미사일 사거리 지침'을 폐지(廢止)하고 미사일 대응 전력을 고도화할 수 있는 길을 열었습니다. 이전까지 '사거리 800km, 탄두 중량 500kg' 이내로 묶여 있던 한국의 미사일 개발 옵션은 2017년 탄두 중량 제한을 해제한 데 이어, 2021년의 한·미 정상회담에서 남은 사거리 제한마저 없애기로 하면서 최종 폐기되었습니다.

이와 병행해 문재인 정부는 북한의 잠수함발사탄도미사일(SLBM) 공격에 대비하는 차원에서 핵추진 잠수함(SSN) 보유를 비공개로 추진해, 상당한 진전을 이루는 성과를 내기도 했습니다. 한미 국방 장관 회담에서 처음으로 보유 필요성을 전달한 후, 여러 채널을 통해 지속적으로 미국을 설득하면서 동의를 구해갔습니다.

잠수함에 탑재해 발사하는 SLBM은 발사 원점을 파악하기가 쉽지 않은데, 디젤 잠수함보다 속도가 빠르고 훨씬 오래 잠행할 수 있는 SSN을 보유하면 적 잠수함을 탐지하고 추적해 발사 원점을 파악하는 데 절대 유리합니다. 북한이 전략핵 잠수함 건조를 선언하면서 중국 견제를 위해서도 한국의 핵추진 잠수함 건조를 용인해야 한다는 의견이 미 의회에서 대두되었고, 미국 정부가 그 가능성을 검토하기 시작했습니다. 한국이 세계 7번째 SSN 보유국의 꿈에 한 발짝 다가선 것으로 보였습니다.

그러나 미국에서 정권 교체가 이뤄지고 미국이 핵확산 방지 원칙을 내세워 핵연료 제공에 난색을 표하면서 안타깝게도 더 이상의 진전을 이루지는 못했습니다. 미국이 표면적으로는 핵확산 방지를 명분으로 내세웠지만, 실제로는 중국과 일본, 러시아 등 주변국이 반발할 게 뻔한 데다 한국이 핵무장으로 가는 디딤돌이 될 수 있다는 점을 우려한 것으로 보입니다.

윤석열 정부 들어서 한국은 주로 비핵 첨단 전력의 확충에 매진하고 있습니다. 북한의 장사정포로부터 수도권을 보호하기 위해 '한국형 아이언돔'으로 불리는 '장사정포 요격 체계'를 계획을 앞당겨 조기에 배치하고, 북한의 미사일 공세에 대응한 '한국형 3축 체계'('킬체인', '한국형 미사일 방어 체계', '대량 응징 보복')의 보강과 확충에도 속도를 낼 계획입니다. 현재 미국에 전적으로 의존하고 있는 감시 정찰 능력을 확보하기 위해 군 정찰 위성을 조기에 순차적으로 발사해 전력화하고, 첨단 스텔스 전투기를 추가로 배치하기 위한 차세대 전투기 2차 사업도 내실 있게 진행하겠다는 게 국방부의 설명입니다.

현재로선 기왕의 계획이나 사업을 앞당기겠다는 방침이 주류지만, 이후의 상황 전개에 따라서는 전격적으로 사드의 추가 배치나 SSN의 건조에 착수할 수도 있습니다. 잠복했던 핵무장이나 핵 공유 주장이 다시 힘을 받으면서 정부를 압박할 것입니다.

이상에서 살펴봤듯 고도화하는 북한의 핵·미사일 도발은 필연적으로 관련국의 반작용(反作用)을 불러왔습니다. 각국이 국방 예산을 대폭 확대해 군비 확충에 나서면서 '신군비 경쟁(新軍費競爭)'에 돌입했고, 핵 보유를 모색하는 움직임을 보이는 나라도 생겼습니다.

한국에서는 국제사회의 경제 제재와 한·미동맹의 파기를 불러올 핵무장 또는 핵 공유 주장이 여론의 폭넓은 지지를 받고 있고, 사실상 재무장이 진행 중인 일본에서는 침략 전쟁의 여지를 봉쇄한 평화헌법을 개정(改正)하거나, 아니면 헌법 해석(憲法解釋)을 변경해서라도 일본을 '전쟁이 가능한 나라'로 만들기 위한 여러 시도가 진행 중입니다. 대만의 경우는 '하나의 중국' 원칙을 내세우고 영토 병합의 야심을 드러내고 있는 중국에 대응해 미국과 동맹국들의 지원 아래 독립을 시도할 가능성이 아예 없지는 않습니다.

오늘날의 북핵 문제는 '고도화되고 있는 북한의 핵 도발'이라는 단순명제가 아닙니다. 첨단산업 공급망을 둘러싼 경제 분쟁의 전선이 겹치고, 우크라이나 전쟁의 자장(磁場)이 작용하며, 대만 문제의 파열음이 생생하게 어우러진 복합명제입니다. 한반도의 북핵 위기가 동북아 전체의 복합 위기로 전화(轉化)하는 양상입니다.

미국이 주도하는 대중 포위망의 구축이 국제사회의 대북 제재를 이완시키고 북한이 중국 및 러시아와 밀착할 여지를 넓히고 있습니다. 미국이 의도하는 '신냉전'의 구도가 한반도처럼 선명하게 드러나는 지역은 달리 없을 것입니다. 그 틈을 비집고 북한은 자신의 핵 능력을 검증하고 과시하려는 또 다른 도발을 준비하고 있습니다.

앞으로 펼쳐질 북한의 핵·미사일 도발은 자신들이 가진 핵 능력의 정교함을 다듬는 방향으로 진행될 가능성이 큽니다. 자신들이 소형화·경량화했다고 주장하는 핵탄두의 실제 폭발력을 검증하고, 다양화한 투발 수단과 발사 옵션의 실전 역량을 확인하며, ICBM의 정밀도와 기습 발사 능력을 과시하기 위한 실험과 훈련을 진행할 것입니다. 그러면서 미완의 과제로 남아 있는 전략핵 잠수함의 건조도 시도하려 할 것으로 보입니다.

전문가들이 이후의 북한 핵실험이 단발성에 그치지 않을 것으로 전망하는 것도 이런 분석에 근거합니다. 이런 핵 능력의 정교화 과정을 통해 불가역적인 핵보유국의 지위를 인정받고, 단순한 체제 보위를 넘어 지역의 군사 강국으로 자리매김하고자 할 것입니다.

한층 더 복잡한 국면으로 들어선 북한 핵·미사일 문제는 관련국들에게 민감하고 난해한 고차방정식이자 진퇴양난의 딜레마입니다. 용인하자니 필연적으로 한국과 일본의 핵무장을 추동해 동북아의 긴장과 위기를 심화시킬 것입니다. 이 말은 동북아가 중동 같은 화약고로 변해 세계 평화의 골칫거리가 될 수도 있다는 이야기입니다. 불용하자니 똑 부러지는 해법을 찾기가 어렵습니다. 군사적 방법을 동원하자니 공멸의 파국을 각오해야 하고, 비군사적 해법을 쓰자니 성과는 미지수입니다.

이렇게 복잡다단해진 북핵 문제의 국면을 북한의 뒷배로 의심받고 있는 중국의 입장에서는 어떻게 받아들여야 할까요?

중국이 북한의 핵 개발을 묵인하거나 방치하는 바람에 상황이 이 지경에 이르렀다는 서방의 주장은 조금은 일방적인 데가 있습니다. 중국이 정부 차원에서 북한의 핵 개발을 지원하지는 않았을 것입니다. 아마도 중국의 일부 기업이 북한과 거래하면서 필요한 물품이나 서비스를 제공하는 정도였을 것입니다. 그러나 사회주의 중국의 지도부가 의지만 있었다면 이마저도 얼마든지 통제하고 단속할 수 있지 않았겠냐는 의심도 나름대로 합리적입니다.

새롭게 조성된 '신냉전' 구도가 중국의 입장에서 유리한 대북 관계만을 조성하지는 않을 것입니다. 물론 단기적으로는 중국이 북한을 미국의 공세를 방어하는 방파제(防波堤)나 전진기지(前進基地)로 삼을 수는 있을 것입니다.

그러나 장기적으로 볼 때는 핵으로 무장한 북한의 존재는 동북아 정세의 불안정성을 부추기는 진원(震源)이 될 가능성이 농후합니다. 북핵은 동북아 지역 군비 경쟁을 촉발시키고 핵무장의 도미노를 초래해, 그 자체로 역내 불안정을 심화시키는 요인이 됩니다. 지역의 불안정은 국가 경제의 리스크로 바로 연결되고, 불안정한 국가 경제는 중국 인민의 민생을 불안정하게 만들 것입니다.

저는 북핵 문제가 기본적으로 미국과 북한 양자(兩者) 간의 문제라는 중국의 인식을 이제는 수정할 때가 되었다고 생각합니다. 지금까지 살펴봤던 것처럼 북핵은 더 이상 대미 협상용, 체제 방어

용에 머무르지 않습니다. 비핵국인 한국을 표적에 포함시킨 공격적 비대칭 전력이자, 북한을 역내의 군사 강국으로 도약시켜줄 보증수 표입니다. 북한이 역내에서 중국의 군사적 위상을 대체하려 한다고 분석하는 전문가도 있습니다.

북핵의 관련국 가운데 비군사적 옵션으로 북한의 변화를 이끌어낼 수 있는 나라는 중국뿐입니다. 대화와 설득을 통해서든, 앞에서 거론한 원유 수급의 조절과 국경 통제 등과 같은 중국만의 강력한 레버리지를 동원하든, 중국이 주도적이고 선제적으로 북한을 비핵화나 군축의 마당으로 이끌어내기를 기대해 봅니다. 그렇게 하는 것이 중국의 국익에도 부합하며, 한국의 보수 성부가 '정냉경온', 정경분리의 원칙으로 대응할 여지도 넓어집니다.

지금 중국은 46년 전 덩샤오핑이 100년 대계의 혜안으로 설계했던 '사회주의적 시장경제'의 마지막 단계인 '다퉁'(大同)'의 실현을 목표로 전진 중입니다. 만일 중국이 지금까지와 같이 방관자적 태도로 복잡해진 북핵 문제에 대응한다면, 앞으로 이로 인한 국가 리스크는 더 크고 강력해질 것이고, 중국의 국가 경제와 국민 생활에도 심각한 영향을 미칠 것입니다.

이 말은 중국 사회가 그간의 고도성장(高度成長)에서 파생된 '소득 불평등(所得不平等)'을 해소하고 '공동 부유'의 실현으로 나아가는 노정에 큰 차질이 빚어진다는 말이기도 합니다. 이렇게 되면 중국은 덩샤오핑이 심모원려(深謀遠慮)로 이루고자 했던 '다퉁'의 길에서 멀어지게 될 것입니다.

4장

동북아 평화 유지에 대한 중국의 입장은 무엇인가?

지금과 같은 내외의 조건에서 중국 지도부가 취할 수 있는 최상의 선택지는 무엇일까요? 무엇보다도 저는 중국 개혁·개방의 설계자인 '작은 거인' 덩샤오핑의 원려심모한 '도광양회'식 혜안(慧眼)이 다시 필요할 때라고 생각합니다.

"중국의 미래를 위해 도광양회의 정신으로 돌아가라!"

제가 중국 조야에 드리고 싶은 우정 어린 제언입니다. 과거로 돌아가자는 말이 아닙니다. 힘이 없을 때는 몸을 사리고 힘이 생기면 나대라는 말도 아닙니다. 시진핑 주석의 중국 지도부가 중국공산당 초기 지도자들이 가졌던 이상과 정신을 잃지 말아야 한다는 당위의 차원에서 드리는 제언입니다.

대만 문제를 부각시킨 생뚱맞은 발언

조 바이든(Joseph R. Biden Jr.) 대통령이 임기를 시작한 직후인 2021년 3월, 두 개의 보고서가 미국 지배 엘리트들의 경각심을 일깨웠습니다. 2020년을 기점으로 미국이 전체 전투함 수에서 중국에 추월당했다는 미 해군 보고서와 "지나친 대만 의존도로 미국 기업과 군이 우월적 지위를 상실하기 직전"이라는 'AI에 관한 국가안보위원회'의 보고서가 그것입니다. 언뜻 관련이 없어 보이는 두 보고서의 공통 키워드는 '중국'과 '대만'이었습니다.

유사시 중국이 대만을 점령하면 전 세계 반도체의 과반을 위탁 생산하는 TSMC가 중국의 손에 넘어가, 미국의 제조업 및 군사·안보가 중대한 위협에 처한다는 내용입니다. 북핵 갈등의 현장이자 반도체 전쟁의 주요 전장이던 동아시아에 민감한 '대만 이슈'가 새롭게 부상해 겹쳐지는 순간이었습니다.

잠복해 있던 '대만 이슈'를 국제무대에 공론화시킨 것은 생뚱맞게도 한국의 윤석열 대통령이었습니다. 윤 대통령은 2023년 4월 외신 인터뷰에서 대만해협의 긴장 상황에 대해 "이런 긴장은 힘으로 현상(現狀)을 바꾸려는 시도 때문에 벌어진 일이며 우리는 국제사회와 함께 힘에 의한 현상 변경에 절대 반대하는 입장"이라 말했습니다. 민감하기 짝이 없고 실익도 없는 대만 이슈를 거론한 윤 대통령 발언의 파장은 컸습니다.

중국 측은 "대만은 중국 영토의 불가분(不可分)의 일부"로서

"대만 문제는 중국의 핵심 이익(核心利益) 중에서도 핵심"(외무부 대변인)이라며 경고하고, "대만 문제에 대해 불장난하는 사람은 타죽을 것"(친강 외교부장)이라며 강하게 반발했습니다. 발언 내용도 문제지만, 발언 시기도 미묘했습니다. 해당 발언이 보도된 날은 중국의 시진핑 주석이 아주 이례적으로 광저우(廣州)의 LG디스플레이 생산 기지를 방문한 일주일 후이자, 윤 대통령이 한·미동맹 70주년을 기념해 미국을 국빈 방문하기 일주일 전이었습니다.

중국은 윤 대통령이 미국 및 일본과의 정상회담을 앞두고 의도적으로 대만 문제를 부각한 것으로 보고 '선을 넘은 것'으로 치부하는 분위기입니다. 미국이 미·중 반도체 분쟁에 한국의 참전을 강요하고 중국에 진출한 관련 기업들에 비상에 걸린 와중에서, 한국 정부가 미국 편에 서겠다는 의지를 분명히 한 것으로 해석되는 행보입니다. 야당 의원들은 이를 두고 "국익은 없고 가치와 진영만을 위시한 위험천만한 외교"라며 규탄해 마지않았습니다.

시진핑의 '중국몽(中國夢)'과 대만 통합

사실 대만해협의 긴장 상황에 단초를 제공한 것은 중국이었습니다. 중국의 시진핑 주석은 2012년 집권 이후 '중화민족의 위대한 부흥(復興)'이라는 '중국몽'을 중국의 전략 목표로 제시하고, 이를 실현하기 위한 필수요소로 대만 통합을 누차 강조해왔습니다. 그러면서도 구체적인 시간 일정을 제시하지는 않았기에, 신중국 건국

(建國) 100주년이 되는 2049년을 대만 통합의 시한으로 보는 게 일반적인 분석이었습니다.

2049년은 중국공산당이 부강(富强)·민주(民主)·문명(文明)·화해(和諧)의 '사회주의 현대화 국가'를 완성하겠다고 설정한 시한인 만큼, 대만 통합 문제도 당연히 여기에 포함되는 것으로 여긴 것입니다. 전문가들은 공산당 내 권력 기반을 공고히 하고 3연임(連任)에 들어선 시 주석이 마오쩌둥과 덩샤오핑에 버금가는 '정치 업적'으로 내세우기 위해 대만 통합을 부각하는 것으로 해석합니다.

아직은 미래의 일로 보였던 중국의 대만 통합 문제를 이슈로 떠오르게 한 것은 인민해방군이 창군(創軍) 100주년을 앞두고 작성한 전략 문서였습니다. 인민해방군 창군 100주년인 2027년까지 '전략적 목표를 달성하자'는 내용의 문서인데, 이때까지 대만을 무력으로 공격할 능력을 갖추자는 내용이 포함된 것이었습니다. 2027년까지 대만을 공격하겠다는 것이 아니라, 그때까지 공격할 수 있는 능력을 갖추자는 내용입니다.

2022년 미 CIA 국장이 '2027년 중국의 대만 침공(侵攻) 가능성'을 두 번이나 언급한 것이나, 블링컨 미 국무장관이 "중국이 기존 예상보다 훨씬 더 빠른 시간표로 대만을 장악하기로 결심했다"고 한 것도 이 문서에 근거를 뒀습니다. 이에 대해 주미 중국대사관의 고위 관계자는 "우리는 가능한 한 빨리 통일을 원하지만 어떠한 시간표도 없다"며 반박했습니다. 미국이 의도적으로 사실을 부풀리면서 대만해협의 긴장 조성을 유도하고 있다는 불만의 표시였습니다. 미국이 대만 문제를 미·중 갈등의 최전선으로 삼으려는 전략을 펴고 있다고 본 것입니다.

이런 중국 측의 인식은 대만 문제와 관련해 미국이 보인 일련의 움직임들과 연결되어 있습니다. 2022년 8월 낸시 펠로시(Nancy P. Pelosi) 당시 미 하원의장이 19시간 동안 대만을 방문한 바 있는데, 중국은 이를 대만 독립파에 대한 지지 신호를 보낸 것으로 보고 반발했습니다. 이어서 하반기에는 대만을 주요 동맹국으로 지정하고 향후 4년간 거액의 안보 지원을 제공하는 것을 골자로 한 「2022 대만 정책 법안(Taiwan Policy Act of 2022)」이 미 상원을 통과했습니다.

중국은 사실상 대만을 독립 국가로 인정하는 이 법안이 그동안 미국이 견지해온 '하나의 중국' 원칙을 훼손하고 미·중 관계를 전복(顚覆)시킬 것이라고 경고했습니다. 이와는 별도로 최근 대만해협에서 해군 핵 항모 타격단(CSG)이 빈번하게 군사훈련을 하고 첨단 정찰기가 지속적으로 투입된다고 주장하며, 대만해협에서 군사적 긴장이 고조되는 책임을 미국으로 돌렸습니다.

최고 지도자의 10년 재임이라는 최근의 관례를 깨고 시진핑 주석의 3연임을 결정한 2022년 10월의 공산당 20차 전국대표대회는 민감한 대만 문제에 대한 중국의 비타협적 태도를 확고하게 표명했습니다. 시 주석은 대회 보고를 통해 "대만에 대한 무력 사용 포기를 절대 약속하지 않을 것이며 대만 통일이 반드시 실현될 것"이라 강조했습니다.

또한, 공산당의 당헌격인 당장(黨章) 개정안에 대만 독립을 단호히 반대하고 억제해야 한다는 조항을 신설해, 대만 문제가 양보할 수 없는 '중국의 핵심 이익 중의 핵심'임을 재차 확인했습니다. "대만 독립이라는 분열(分列)은 조국 통일의 가장 큰 장애물이자 민족 부흥의 심각한 복병"이라는 시 주석의 문제의식*을 반영해 중국의 최고 규범을 수정한 것입니다.

미국이 아직은 가능성의 차원에 머물러 있는 중국의 대만 점령 문제를 쟁점화해 중국 견제에 나선 이유는 명백합니다. '중화민족의 위대한 부흥'을 내세워 '팍스 아메리카나'의 패권에 도전하는 '중국몽'의 굴기를 꺾겠다는 것입니다. '세계의 공장'이라 불리며 자국 시장에 값싼 소비재를 공급하는 '하청 기지'에 불과하던 중국이 어느덧 비대해진 경제력을 바탕으로 미국의 세계 패권을 위협하기 시작했기 때문입니다. 중국이 개혁·개방과 WTO 체제 아래서 자유무역의 혜택을 누리며 벌어들인 돈으로 대외 영향력을 확대해 나가고, 정부 자금을 풀어 첨단산업 개발 경쟁에 나선 것이 미국의 위기감을 자극했습니다.

미국은 점증하는 중국의 잠재적 위협에 대비하는 차원에서 전방위적인 대중 선제 공세를 동시다발적으로 진행 중입니다. 반도체와 전기차 2차전지 등 첨단산업의 공급망에서 중국을 배제하기 위한 경제 전쟁을 개전하였고, 유럽의 NATO와 인도-태평양 지역의 한국과 일본은 물론이고, 인도와 호주까지 끌어들여 중국 포위망

---

* 2021년 10월의 신해혁명 110주년 기념 연설.

을 구축해 중국에 정치·외교적, 군사적 압박을 강화하고 있습니다.

거세지는 중국의 도전 기세를 꺾기 위해 미국은 새롭고도 변칙적인 전술을 거침없이 차용하고 있습니다. 안보와 산업을 결합한 어색한 분쟁 프레임을 동원해 중국 기업을 제재하고, 개발도상국에나 어울릴 법한 재정 지원과 수입 규제를 통한 자국 산업 보호·육성책을 펼치고 있습니다.

미국이 스스로 주도해왔던 자유주의 무역의 원리까지 훼손하면서까지 적극적으로 대중국 공세에 나선 이유의 밑바탕에는 미국의 국가이익이 있습니다. 다가올 미래의 위협을 제거하는 것 또한 국가가 해야 할 책무의 하나입니다. 그런데 중국이 국제사회에서 국력에 비례하는 영향력을 행사하려는 이유도 중국의 국가이익에 있습니다. 세계 1, 2위 경제 대국의 국익이 첨예하게 대치하는 현장이 바로 동북아이고, 그 최전선에 대만 문제가 놓여 있습니다.

대만 문제는 한국의 국가이익에도 북핵 문제 못지않게 중차대한 영향을 미칠 수 있는 민감한 이슈입니다. 반드시 중국이 한국의 최대 교역국이라는 사실 때문만은 아닙니다. 유사시 대만해협에서 미국과 중국의 군사적 충돌이 발생할 경우, 한국의 주한미군 기지는 미군의 사령부가 되거나 지원 기지 역할을 떠맡게 됩니다. 한국의 영토 일부가 중국의 포격 대상에 포함될 수 있다는 이야기입니다. 경우에 따라서는 미국이 한·미동맹을 내세워 한국의 직접 참전을 요구할 수도 있는 일입니다.

일본의 합리적인 보수 정치인들이 개헌 정족수를 확보했음에도 불구하고 평화헌법의 개정에 적극적으로 나서지 않고 있는 이유가 무엇이겠습니까? 바로 역내·외에서 미국의 대리전(代理戰)을 치르는 일을 피하기 위해서입니다. 대만 이슈에 함부로 끼어들고 있는 윤석열 정부가 곱씹어봐야 할 타산지석(他山之石)이 아닐 수 없습니다.

세계 경제를 좌우하는 동북아에 조성되는 위기

2030년 이후에는 아시아가 세계 경제의 2/3를 좌우하리라 보는 전문가가 많습니다. 특히 그중에서도 세계 경제 대국 2, 3위 중국과 일본, 3050 클럽국(1인당 GDP 3만 달러 이상, 인구 5,000만 명인 나라)에서 7위를 차지한 한국이 포진하고 있는 동북아의 비중은 절대적일 것입니다.

중국이 명·청 등 일부 왕조 시대에 전 세계 부의 1/3분 정도를 차지했던 역사가 있긴 하지만, 지금의 동북아 블록의 위상에 비할 바는 못 됩니다. 비록 예전에 비해 그 영향력이 줄어드는 추세이기는 하지만, 아직 세계의 패권국으로 군림하고 있는 미국이 이런 동북아를 포기하는 일은 없으리라 보는 것이 상식적입니다.

지금 동북아에는 북핵 문제, 미·중 경제 전쟁, 대만 이슈라는 초대형 갈등 요인이 교차하고 착종(錯綜)되면서 위기 국면이 조성되고 있습니다. 세계무대에서 동북아가 차지하고 있는 국제적 위상을 한순간에 무너트릴 수 있는 군사적 충돌의 가능성마저 배제할 수 없는 상황입니다. 역내 국가가 아니면서도 동북아에 폭넓은 이해관계를 가지고 있는 미국을 포함해, 역내 각국의 국가이익이 복잡하게 얽히고설켜 곳곳에서 크고 작은 파열음(破裂音)이 들려오고 있습니다. 각국이 이런 갈등 요인을 어떻게 조율하고 관리해나가느냐가 만만찮은 과제로 떠오르고 있습니다. 동북아가 평화와 번영의 길로 계속 전진하느냐, 아니면 대립과 충돌의 파멸로 치닫느냐의 기로에 선 위태로운 양상입니다.

요즘 윤석열 대통령이 외교 무대에서 자주 쓰는 용어가 하나 있습니다. '힘에 의한 현상 변경'이 그것입니다. 대만해협의 긴장과 관련해서, 러시아의 우크라이나 침공에 대해서, 심지어는 대북 문제에 있어서도 이 용어를 썼습니다. "북한 지역에 무리한, 또는 힘에 의한 현상 변경은 전혀 원하지 않는다."* 아마도 흡수 통일을 시도하거나 북한 체제를 위협할 생각이 없다는 의미일 텐데, '북한 체제 전복을 시도하지 않는다'고 분명하게 말하면 됐을 것을 생경(生硬)한 표현을 써서 듣는 사람이 머리를 갸웃거리게 했다는 지적을 받습니다.

'현상 변경(changing status quo)'이란 국제정치학에서 국가·정치 세력 간의 상호작용을 설명할 때 쓰는 개념입니다. 여기서 '현상(現狀)'이란 누가 어떤 권리와 특권을 갖고 있는지 모두가 인식하고 있는 상태, 곧 어떤 것이 내 것이고 어떤 것이 상대의 것인지 서로

---

* 2022년 8월 취임 100일 기자회견.

인지하고 있는 상태를 말합니다. 영토와 같은 지정학적 경계, 영향력이 미치는 지역 등을 의미하는 공간적 개념으로 주로 사용되지만, 합의된 국가 간 약속이나 이미 정립된 질서와 관련한 행위도 현상에 포함됩니다. 따라서 영토의 침탈뿐 아니라 협약을 일방적으로 깨거나 폐기하는 것, 상호 인정하고 있는 정해진 행위를 따르지 않는 것도 현상 변경 시도에 해당합니다. 최근에는 미국 주도의 세계 질서를 바꾸려는 중국과 러시아를 '비자유주의(非自由主義) 세력'으로 규정하고, 이들을 견제하기 위해 미국을 중심으로 단합해야 한다고 주장할 때 쓰는 외교 용어로 굳어져 있습니다.[*]

어느 나라가 대외 정책의 기본 틀을 바꿔 영토를 확대하거나 기존의 국제정치 질서를 허물려 시도한다면, 그 나라는 사전적인 의미에서 국제관계의 현상 변경을 기도하는 세력이 됩니다. 반면 기존의 대외 관계를 존중하고 이를 고수하려는 국가나 국제적 정치 집단은 현상 유지를 추구하는 세력이 됩니다. 현상 유지 세력은 평화를 지향하고, 현상 변경 세력은 분쟁을 마다하지 않습니다. 여기서는 외교적인 맥락보다는 주로 사전적 의미에서 동북아 역내 주요 국가들의 대외 정책 지향을 살펴보겠습니다.

---

[*] 유신모, 「'힘에 의한 현상 변경'이란 말은 용도가 따로 있다」, 《경향신문》, 2022. 12. 2.

갈등과 대결을 마다하지 않는 북한

먼저, 북한입니다.

주지하다시피, 북한의 주적(主敵)은 미국입니다. 북한의 입장에서 보면 미국은 아직 정식으로 종결되지 않은 조국해방전쟁(한국전쟁)의 과거 교전 상대였고 아직도 진행 중인 정전협정의 실제 협상 상대입니다. 이에 비해 같은 민족인 한국(남한)은 '미 제국주의의 괴뢰'에 불과한 '반(半)식민지'쯤으로 여기고 있습니다.

북한이 핵 보유에 목을 매는 이유는 미국의 잠재적인 공격 위협 때문입니다. 미국이 시종 대북 직대 정책으로 일관하고 있고, 그런 미국의 공격 의지를 무력화시킬 수 있는 수단은 핵무장뿐이라고 판단한 것입니다.

국제사회의 경고와 제재를 무릅쓰고 북한이 핵·미사일 도발을 거듭하는 목적은 자신들의 핵 능력이 고도화됐음을 과시하고 미국의 공격에 대비한 '반격 능력'을 갖췄음을 인정받기 위함입니다. 이 과정을 통해 국제사회에서 비공식적으로나마 핵보유국의 지위를 확보하고, 이를 바탕으로 미국과의 관계 개선에 나서려 할 것으로 보입니다.

북한의 입장에서 보면 핵보유국의 지위와 북·미 관계 개선은 동전의 양면과도 같습니다. 핵무기를 지렛대로 미국과의 담판을 통해 정전협정을 평화협정으로 바꿈으로써 70여 년간 이어진 준전시 체제의 틀을 벗어나려 시도할 것입니다. 핵보유국 사이의 '공포의

'균형'에 의해 미국의 공격 가능성을 차단함으로써 체제 보위와 정권 안정을 담보할 수 있다는 계산일 것입니다.

북한의 핵·미사일 개발은 국제사회의 확고한 규범으로 자리 잡은 NPT의 핵확산 방지 체제를 정면으로 거스르는 행위라는 점에서 현상 변경의 사례에 해당합니다. 영토의 측면에서 보자면 북한의 행위가 기존 영토를 확실히 지키려 한 '현상' 강화의 측면이 없지는 않습니다. 그렇지만 세계 각국이 보편적 규범으로 수용하고 인정한 핵확산 방지의 국제 질서를 위반한 사실이 훨씬 더 중대합니다.

따라서 북한이 동북아에서 현상 변경을 추구하는 세력의 하나라는 사실은 명백합니다. 실제 현실에서 보이는 북한의 모습도 평화와 화합을 지향하기보다는 갈등과 대결을 마다하지 않는 모습에 가깝습니다.

재무장을 추진하는 일본

다음으로 일본의 '현상'은 변경과 유지 가운데 어느 쪽에 가까운지 짚어보겠습니다.

한 국가의 운영에 관한 최고의 규범은 헌법입니다. '평화헌법(平和憲法)'이라 불리는 일본의 현행 헌법은 2차 세계대전 패전 후 연합군 최고사령부의 주도로 성안(成案)된 것으로, 서구식 민주주의의 기본 원리 이외에도 상징적 의미로서의 천황제 존치, 전쟁 포기 및 군대 보유 금지를 명문화한 특징을 보여줍니다.

특히 이 헌법의 9조는 "전쟁과 무력에 의한 위협 또는 무력의 행사는 (…) 영구(永久)히 포기"하고, "육·해·공군과 그 밖의 전력은 보유하지 않"으며 "국가의 교전권(交戰權)은 인정되지 않"음을 규정하고 있습니다. 일본이 대외 침략이나 패권주의의 길로 치달을 여지를 원천적으로 봉쇄해놓은 것입니다. 이런 헌법 조문만 놓고 봤을 때, 일본은 현상 유지 세력의 모범이어야 마땅합니다.

침략 전쟁에 대한 반성으로 제정된 9조 규정은 그동안 다수 일본인으로부터 일본의 '평화주의 정체성'을 상징하는 규범으로 받아들여져왔습니다. 원폭 투하를 포함해 전쟁의 끔찍한 참상을 직접 겪었던 일본 국민의 역사적 경험이 만들어낸 집단 지성의 발로였던 셈이죠. 그러나 일각에서는 이 조항이 미국의 요구로 들어간 점, 자위권 행사가 제한된다는 점 등의 불만을 제기하며 꾸준히 개헌론을 제기해오고 있던 터였습니다. 특히 일본의 극우 세력들은 이 조항을 역사의 수치로 받아들이며 개정을 촉구해왔습니다.

일본 극우 세력의 전유물이던 개헌론과 재무장 주장이 일본 사회에서 세를 얻기 시작한 시기는 냉전이 붕괴된 이후인 1990년대부터였습니다. 일본 사회 전반이 우경화(右傾化)하고 보수 민족주의가 대두하면서, 평화헌법의 개정과 일본의 재무장을 요구하는 주장들이 점차 늘어나기 시작했습니다. 북한의 NPT 탈퇴와 중국의 부상 등을 빌미로 개헌론자들은 목소리를 키워갔습니다. 일본 자위대가 평화 유지 및 반테러리즘을 명분으로 해외 파병에 나서는 등 군사적 역할을 확대하기 시작한 것도 이 시기였습니다.

강경 개헌론자인 아베 총리가 제2기 집권에 성공한 2012년부터는 일본 정치권에서 개헌 논의가 전면화되기 시작했습니다. 아베 내각은 정권 차원에서 개헌 문제를 공론화하면서 개헌을 추진했지만, 무위(無爲)로 끝났습니다. 개헌론이 일본 국회에서 개헌 정족수를 채울 정도로 세를 얻지 못하고 반대 여론이 과반으로 드러났기 때문입니다.

개헌을 통한 재무장이 여의치 않자, 아베 정권은 자위대의 실질적인 역할을 확대하는 우회 전략을 펼쳤습니다. 이른바 헌법 해석 변경을 통해 일본이 '집단적 자위권'을 행사할 수 있는 근거를 만들고 이 조항을 담은 새 안보법을 제정한 것입니다. '집단적 자위권'이란 자국이 공격을 받지 않아도 자국과 밀접한 나라가 공격을 받을 경우 이를 실력으로 저지할 수 있는 권리를 뜻하는 국제정치 용어입니다.

일본이 '집단적 자위권'을 행사한다는 것은 자위대가 해외 무력 분쟁에 개입한다는 의미입니다. 평화헌법에도 규정되어 있던 조항이지만, 그동안은 헌법 정신에 충실한 전수방위(專守防衛) 원칙(공격은 하지 않고 오로지 방어만 한다는 원칙)에 가려 사실상 사문화됐던 조항을 되살려낸 것입니다. 집단 자위권을 규정한 새 안보법의 제정은 일본이 패전 70년 만에 사실상 '전쟁할 수 있는 국가'로 복귀하기 시작했다는 신호탄입니다. 이미 이 시기부터 일본은 현상 변경 세력으로의 변신을 예고했던 셈입니다.

제2~4차 내각(2012~2020년)을 이끌며 역대 최장수 총리를 지낸 아베 신조(安倍晋三)는 일본의 재무장과 이를 위한 개헌을 줄기차게 주장해온 일본 정계의 대표적인 강경 개헌론자이자 개헌 추진파의 구심점이었습니다. 중국의 군사력 증강과 북한의 핵 위협이 그의 명분이었습니다. 2015년 아베 정권은 전수방위 원칙에 위배된다는 비판에도 불구하고 집단 자위권 법안의 통과를 밀어붙임으로써, 헌법 해석의 변경이라는 꼼수를 통해 사실상 일본의 재무장을 추진할 수 있는 길을 열었습니다.

뒤를 이은 기시다 내각이 추진한 '반격 능력' 보유 정책도 헌법 해석 변경을 통해 '전수방위' 조항의 무력 사용 제한 규정을 회피하려 합니다. 즉 적의 공격을 일본 영토 안에서만 격퇴하도록 규정한 족쇄에서 벗어나 영토 밖의 적을 공격할 수 있도록 내각의 결정을 바꾼 것입니다. 원래 아베 내각에서 '적 기지 공격 능력'이란 이름으로 추진되던 것인데, 보수 세력 내부에서조차 전수방위 원칙에 위배된다는 비판이 일자, 표현을 완화하고 법제화 대신 내각 결정으로 격을 낮춰 시행에 나선 정책입니다.

일본의 집권 자민당과 연립 여당은 2021년의 중의원 선거와 2022년 참의원 선거에서 잇따라 개헌을 밀어붙일 수 있는 의석수 2/3 확보에 성공했음에도 평화헌법을 개정하지 못했습니다. 자민당과 연립 여당 안에 개헌 신중론이 상당한 세를 형성하고 있는 데다, 개헌파의 구심점이던 아베 전 총리가 2022년 7월 총격으로 사망한 사건이 영향을 미친 것으로 보입니다. 개헌파가 다수를 형성하고 있는 일본 정치권에서 '보수 본류'라 불리는 중도 온건 세력은 평화헌법을 유지하면서 전쟁 참여를 회피하고 경제 발전에 주력해야 한다는 입장을 취하고 있습니다. 세계 인구의 절반이 선거를 치르는 '슈퍼 선거의 해'인 2024년 10월 일본 중의원 선거에서는 1955년 이후 집권해온 자유민주당이 공명당과 연대했음에도 의석수가 크게 줄면서 과반 의석 확보에 실패해 개헌의 길은 더욱 멀어졌습니다.

이런 일본 정치권의 내부 사정과는 별개로, 고조되는 북핵 위기가 개헌(改憲)을 통한 일본의 현상 변경 세력화를 추동할 가능성은 여전합니다. 특히 북한이 시험 발사한 탄도미사일이 일본 영공을 통과하거나 일본의 배타적 경제수역 안에 낙하하는 등의 사례가 축적되면서 일본의 위기감을 자극하고 있습니다. 일본 내부에서는 재무장을 지향한 각종 정책이 시행되기 시작했고, 일본 안팎에서 핵 보유 필요성을 거론하는 주장들이 터져 나오고 있습니다.

일본의 재무장은 일본이 전범 국가의 딱지를 떼고 정상 국가로 탈바꿈한다는 뜻입니다. 동시에 이미 사실상 군대 역할을 하고 있는, 최첨단 무기로 무장한 30만 병력의 자위대가 일본의 정규군으로 격상(格上)됨을 의미하기도 합니다. 만일 '전쟁 포기'의 족쇄가 풀린다면, 일본은 언제 어디서든 자유롭게 군사 행동에 나설 수 있게 됩니다. 제국주의 일본의 침략과 지배 경험을 공유하고 있는 한중 양국이 일본의 현상 변경 시도를 늘 주시하고 있어야 하는 이유입니다.

중국과 주변국의 영토 분쟁 및 '힘에 의한 현상 변경' 여부

이상에서 살펴본 북한과 일본의 현상 변경이 국제 질서와 관련이 있다면, 중국의 '현상' 문제는 영토 분쟁과 직접 연관이 있습니다.

대표적인 게 신중국의 성립 과정에서 떨어져 나간 대만 문제입니다. 그동안 중국은 '하나의 중국' 원칙 아래서 대만이 역사적으로 중국의 영토에 속했던 중국의 일부라고 주장해왔습니다. 대만 정부 역시 공식적으로는 '하나의 중국'을 표방하며 중국 본토를 미수복된 실지(失地)로 간주하고 있다는 점에서, 중국과 대만이 한 뿌리라는 역사성에는 이견이 없는 셈입니다. 국제사회도 일반적으로 중국이 유엔에서 대만을 축출하고 안보리 상임이사국 자리를 승계한 1971년 이래로 중국이 내세운 '하나의 중국' 원칙을 인정하고 수용해왔습니다.

그동안 역대 중국 지도부는 대만 통합 문제를 언젠가는 해결해야 할 미래 과제로 넘기고 대만해협을 둘러싼 양안 관계를 관리해왔습니다. 분위기가 바뀐 것은 시진핑 주석이 집권하면서부터입니다. 시 주석이 제시한 '중화민족의 위대한 부흥'이라는 '중국몽'을 실현하기 위한 전제로 '대만과의 통일'을 상정한 것입니다. 여기에 마오쩌둥과 덩샤오핑에 버금가는 업적을 남기려는 시 주석의 정치적 야심(野心)이 결합하면서 대만 통합 문제가 구체적으로 거론되기 시작했습니다. 이런 과정에서 인민해방군이 작성한 대만 점령

준비 시간표가 노출된 것입니다.

전문가들은 중국의 움직임이 실제로 대만을 무력으로 점령하겠다는 목표 아래 진행되는 것으로 보지는 않습니다. 그러기에는 감당해야 할 부담이 너무 크다는 것입니다. 그것보다는 가만히 있다가는 대만 분리가 고착화하고 대만 독립이 성사될 수도 있다는 위기감에서 비롯된 측면이 크다고 분석합니다.

대만의 독립 추진 세력을 지원하려는 일련의 외부 동향이 중국의 위기감을 키웠습니다. 중국은 미국이 하원의장의 대만 방문과 상원의 대만 정책법 추진 등으로 대만 내 독립 추진 세력에게 지원 시그널을 보내고 있는 것으로 의심합니다. 여기에 EU와 일본, 한국까지 가세해 중국을 견제하고 나서자, 이를 대만의 독립 추진 세력에 대한 간접 지원으로 받아들이는 분위기입니다.

최근의 대만해협을 둘러싼 긴장 조성이 미국과 중국 가운데 어느 쪽에 귀책사유가 있느냐는 문제는 차치하더라도, 넓게 봤을 때 대만 문제가 동북아의 뇌관(雷管)으로 떠오르는 것은 시기의 문제였을 뿐입니다. 대만 문제를 '핵심 이익 중의 핵심'으로 여기고 있는 중국 지도부가 '하나의 중국'에 기반한 대만 통합의 당위(當爲)를 포기하기는 어려울 것입니다. 미국 또한 '팍스 아메리카'의 패권에 도전하는 중국의 굴기를 물리치는 것에 국익의 근간이 달려 있습니다. 미국이 대중국 공세의 전략적 카드이자 지렛대가 될 대만 문제에서 손을 떼는 일은 없을 것입니다. 중국의 성급한 대만 현상 변경 시도가 어떤 결과를 초래할지는 장담하기 어렵습니다.

중국은 2010년대 이후 빈발한 해상 및 육상에서의 국경 분쟁으로 관련국들로부터 국력을 앞세워 현상 변경을 시도한다는 비난을 받아왔습니다. 동중국해의 '댜오위다오(釣魚島, 일본명 센카쿠열도)', 남중국해의 난사군도(南沙群島, 영어명 Spratly Islands)와 시사군도(西沙群島, 영어명 Paracel Islands), 중국·인도·부탄 3국의 접경 지역인 둥랑(洞朗, 부탄명 도클람)을 포함한 중국과 인도 접경 지역이 대표적인 분쟁 지역으로 꼽힙니다. 국제사회는 세계 2위의 경제 강국으로 급성장한 중국이 현상 변경을 통해 패권주의의 길로 나아가려는 것은 아닌지 우려의 눈길로 지켜보고 있습니다.

　　이 중에서 중국과 인도의 국경 지역에서 벌어졌던 육상 분쟁은 지금은 소강상태(小康狀態)입니다. 인도 서북부의 카슈미르 지역에 속했던 악사이친은 중국에 점령되어 지배를 받는 상태이고, 중국이 남티베트라 칭하는 인도 동북부의 아루나찰프라데시주는 인도가 실효 지배(實效支配) 중입니다. 2017년 도로 건설 문제로 중국군과 인도군 수천 명이 73일간 대치했던 둥랑 지역의 갈등도 고위급 회담을 통해 마무리되었습니다. 3,488km에 이르는 긴 국경선을 접한 두 나라는 1962년 국경 전쟁까지 치른 바 있지만, 아직도 국경을 확정 짓지 못하고 실질 통제선(LAC: Line of Actual Control)을 설정해 사실상의 국경선으로 삼고 있습니다.

　　다섯 개의 무인도와 세 개의 암초로 구성된 동중국해의 '댜오위다오'는 일본이 비교적 이른 시기부터 실효 지배를 해오던 섬이었습니다. 그런데 일대에 석유와 천연가스 등의 지하자원이 대량 매장돼 있다고 알려지면서, 중국과 대만이 뒤늦게 영유권(領有權)을 주장하기 시작했습니다. 원래는 대만의 부속 도서였는데 일본이 불법 점유하고 있다고 주장하며, 중국 사서(史書)의 기록을 근거로 제시했습니다. 2012년 일본 정부가 자국 소유자로부터 이 섬을 사들여 국유화하자, 중국인들의 반일 감정이 폭발해 120곳의 도시에서 대규모 반일 시위와 일본 상품 파괴 소동이 벌어지기도 했습니다. 이후 중국 정부는 인근 해역에서 해군 군함과 해경 함정 등을 동원해 무력시위를 벌이며 분쟁 지역화를 위한 시도를 꾸준히 전개하고 있습니다.

'힘에 의한 현상 변경'이라는 비난을 받는 중국의 시도는 남중국해에서 가장 적나라하고 극명하게 드러나고 있습니다. 그중에서도 100여 개의 작은 섬과 암초로 구성된 난사군도에서 중국이 동남아의 여러 국가와 벌이는 영유권 분쟁이 가장 핫한 이슈입니다. 군도의 가장 큰 섬인 이투아바섬(Itu Aba Island, 중국명 太平島)은 대만이, 두 번째로 큰 티투섬(Thitu Island, 필리핀명 Pag-asa Island)은 필리핀이 실효 지배 중이고, 베트남 또한 몇몇 환초를 점령해 실효 지배하고 있습니다.

중국이 군도의 미스치프 환초(Mischief Reef, 중국명 美濟礁)를 점령해 벌인 일은 예상을 뛰어넘는 것이었습니다. 산호섬인 이곳에서 대규모 간척 사업으로 거대한 인공섬을 조성하고, 군사기지와 활주로, 등대 등을 건설했습니다. 이 인공섬의 규모는 군도 내에서 가장 큰 섬인 이투아바섬(타이핑다오, 0.56km²)의 10배(5.58km²)에 이릅니다. 필리핀, 베트남, 대만이 영유권을 주장해온 미스치프 환초(메이지자오)는 필리핀의 배타적 경제수역(EEZ) 훨씬 안쪽에 자리 잡고 있습니다.

2010년대 전반부터 시작된 중국의 남중국해 인공섬 조성 사업은 산호섬으로 이뤄진 이 바다에 전에는 볼 수 없던 큼직한 인공섬들을 우후죽순 격으로 출현시켰습니다. 몸집이 커진 인공섬들에는 어김없이 중국의 군사시설이 들어섰습니다. 3km가 넘는 활주로가 깔린 융수자오(永暑礁, Fiery Cross Reef, 2.74km²)를 비롯해 주비자오(渚碧礁, Subi Reef, 2.4km²) 등 최소 7개 이상의 인공섬에 항구나 미사일 기지, 고주파 레이더, 등대 등의 시설이 설치되기 시작했습니다.

남중국해의 또 다른 분쟁 현장인 시사군도(西沙群島, Paracel Islands)에서도 20여 곳에 중국의 군사기지들이 속속 들어섰습니다. 중국은 군도의 8개 섬에 항구를, 5개 섬에 헬기장을 건설했고, 최대 섬인 융싱다오(永興島, Woody Island)에는 활주로와 격납고를 갖춘 비행장과 지대공 미사일 포대가 들어섰습니다. 2020년에는 융싱다오에 전투기와 폭격기가 배치됐고, 2023년에는 군도의 남서단 트리톤 섬(Triton Island, 中建島)에 활주로를 설치하고 있는 사실이 확인되기도 했습니다. 이 지역에서는 중국과 베트남, 대만이 영유권 분쟁을 벌이고 있습니다.

현재 중국이 남중국해의 섬이나 암초에서 인공 구조물을 설치했거나 공사를 진행 중인 곳이 28개에 이른다고 합니다. 2024년

5월 홍콩《사우스차이나모닝포스트(SCMP)》에 따르면 중국 해양대학교 연구팀이 남중국해 인공섬에 대형 해저 터널 건설이 가능한 공법 개발에 성공했으며, 이를 바탕으로 중국 당국이 조만간 공사에 나설 것이라는 전망도 있었습니다. 남중국해에 산재한 중국의 인공섬과 군사기지의 무리를 일컬어, 미국의 한 장성은 만리장성에 빗대 '모래 장성(Great Wall of Sand)'이라 칭했습니다. 중국이 20여 년간 남중국해에서 많은 섬과 암초·환초를 점령해 군사기지화(軍事基地化)를 진행해온 결과입니다.

중국의 이런 공격적인 행보는 분쟁 중인 남중국해 대부분의 섬과 환초가 '분쟁의 여지가 없는 중국의 영토'라는 전제 아래 추진된 것입니다. 중국이 이 지역에 대한 '역사적 영유권'을 주장하며 근거로 내세운 것이 '9단선'이라는 해상 경계선입니다. 국공 내전 말기에 국민당 정부가 공식 지도를 만들면서 설정했던 남중국해의 11단 경계선을 신중국 정부가 1953년에 '9단선'으로 재정비한 것입니다. '9단선'은 남중국해 주변에 U자 형태로 배열한 9개의 선을 말하는 것으로, 이 선들을 이으면 중국이 '남해'라 부르는 남중국해 전체 해역의 90%를 차지하게 됩니다.

이런 중국의 일방적인 주장과 공격적인 행보를 접한 남중국해 연안국들에서 반발이 터져 나오는 것은 필연적인 수순입니다. 남중국해 연안국 모두가 불가피하게 중국과의 직간접적인 영토 분쟁에 휩쓸려 들었습니다. 특히 자국의 EEZ 안에서 중국의 인공섬이 출현하는 것을 지켜봐야 했던 필리핀은 중국을 네덜란드 헤이그의 국제상설중재재판소(PCA: Permanent Court of Arbitration)에 제소했습니다. PCA는 2016년 7월 "중국의 9단선 주장은 아무런 (국제)법적 근거가 없다"고 판결해 명백하게 필리핀의 손을 들어줬습니다.

그러나 이해 당사국의 반발과 국제사회의 비판에도 불구하고, 중국은 미스치프 등의 난사군도 환초를 간척해 군사기지를 조성하는 사업을 힘으로 밀어붙였습니다. 중국은 대규모 해안 경비대와 해상 민병대 함대를 동원해 인공섬 주변에서 무력시위를 벌이면서, PCA의 판결을 사실상 무력화시키고 있습니다. 환초 일대가 중국의 영해라고 주장하며 필리핀 어부들을 쫓아내는 등 실효 지배를 강화하는 중입니다. 일반적으로 반조 때 물에 잠기는 암초는 육지로 보지 않기 때문에, 국제법상 어느 나라도 암초를 기준으로 영해와 EEZ를 설정할 수 없다는 국제규범을 무시한 처사라는 비판을 피하기 어렵습니다.

중국과 연안국을 비롯한 관련국 및 미국 등 국제사회가 작은 모래섬이나 돌섬 무리에 불과한 남중국해의 군도에 주변국과의 마찰을 감수하면서까지 공을 들이는 이유가 있습니다. 바로 이곳이 해상 교통과 군사 전략의 요충(要衝)이자 천연자원의 보고(寶庫)이기 때문입니다. 남중국해를 통과하는 해상 물동량은 전 세계 해운 교역량의 40% 이상을 차지합니다.

1969년 유엔 아시아·극동경제위원회 산하 공동탐사조정위원회가 동아시아 해양의 대륙붕에 풍부한 석유 자원이 매장되어 있을 가능성이 크다고 발표한 이후로, 남중국해의 경제적 위상은 한층 높아졌습니다. 미국 에너지정보청(EIA: U.S. Energy Information Administration)에 따르면 남중국해 해저에는 최소 110억 배럴의 원유, 190조 입방피트(ft³)의 천연가스가 매장되었을 것으로 추정됩니다.

태평양을 둘러싼 중국 해군의 '도련선' 전략과 미국의 '항행의 자유'

중국이 '역사적 영유권'을 주장하며 자국의 동쪽 바다와 서쪽 바다의 섬 들에서 공세적 대응에 나서기 시작한 시기는 대략 2010년대 들어서면서부터입니다. 그런데 이 시기는 중국의 해군 전력이 비약적으로 강화되던 시기와 일치합니다.

이 시기에 중국 해군의 보유 군함 수와 총톤수가 대폭 증가되었고, 개별 군함의 성능과 화력이 획기적으로 개선되었습니다. 중국 해군이 미 해군에 이어 세계 2위의 해군력을 자랑하던 일본 해상자위대를 제치고 2위로 올라선 것도 이때부터입니다. 고도성장을 구가하던 중국 경제의 결실이 뒷받침해준 결과일 것입니다.

이와 관련해 중국 외부에서 의심의 눈초리로 눈여겨보게 된 것이 중국 해군의 '도련선' 전략입니다. 도련선(島鏈線)이란 태평양의 섬(島)을 사슬(鏈)처럼 이은 선(線)으로, 중국 해군의 작전 반경을 뜻하는 공간 개념입니다. '중국 항공모함의 아버지'라고 불리는 류화칭(劉華淸) 제독이 중앙군사위원회 부주석 재임 시절(1989~1997년)에 제시한 중국의 3단계 해군 발전 전략입니다. 1982년 해군 사령관에 취임한 류 제독이 해군의 역할 강화를 주문한 덩샤오핑의 지시로 입안했던 '해양 방어 전략'이 밑바탕이 되었습니다. 냉전 이후 중국 해군의 21세기 전략 방향을 정립한 해군 발전의 청사진이라 할 수 있습니다.

중국 해군이 본토 연안을 벗어나 원거리의 대양에서 독자적인 작전 능력을 확보하기까지 3단계로 구분한 목표를 설정하고, 단계별 목표를 순차적 도련선으로 제시하고 있습니다. 중국 해군이 소극적인 '연안 방어 전략'에서 공세적인 '근해 방어 전략'으로 전환하고 '연안 해군'을 탈피해 '대양 해군(大洋海軍)'으로 변신하고자 하는 지향을 분명히 한 것입니다. 외부에서는 중국이 도련선(島鏈線) 전략에 의거해 동아시아 해양 공간에서 세력 확장을 꾀하고 있는 것은 아닌지 의심하고 있습니다.

중국 본토의 근해를 둘러싼 섬들을 연결한 제1도련선은 중국 해군의 1차 해상 방어선이라 할 수 있습니다. 2000~2010년의 기간에 일본-오키나와-대만-필리핀을 잇는 해상에서 제해권(制海權)을 행사하는 해군 육성을 목표로 하고 있습니다. 중국 근해의 바다를 내해로 삼아 작전을 펼칠 수 있는 해군 전력을 갖추겠다는 것입니다.

제2도련선은 제1도련선을 태평양 북부의 군도까지 확장한 것으로, 2020년까지 서태평양 상의 국가 및 군도 연안 지대로 전력 전개가 가능하도록 목표를 설정하고 있습니다. 제2도련선의 작전 범위에는 필리핀 해역, 미국령 괌 주변, 인도네시아군도 등이 포함되고, 중국 근해인 동중국해의 제해권을 확실히 장악하겠다는 구체적 목표를 제시하고 있습니다. 이를 뒷받침하기 위한 해군 군비의 비약적인 확충이 필요함은 물론입니다. 중국의 제2도련선은 2차 세계대전 당시 일본이 설정한 절대 방위선과 겹치는 부분이 적지 않습니다. 중국이 제2도련선 전략으로 확보하고자 하는 동아시아 일대에 대한 주도권이 일제 말기 일본이 이 지역에서 가졌던 영향력과 비견되곤 하는 이유입니다.

또한, 중국 해군의 작전 반경이 미군 기지가 있는 괌을 포함하고 있어서, 미국의 태평양 독점 체제에 대한 도전 의지를 드러낸 것으로 분석됩니다. 제2도련선 안으로 한정한다면, 중국 해군 전력이 미 해군 전력을 앞서는 것으로 전문가들은 평가합니다. 현재 중국은 제1도련선으로 진입하려는 미 해군의 접근을 차단하고 동중국해에서 활동하는 미군 잠수함의 축출을 시도하면서 이 지역에 대한 지배를 강화하려 하고 있습니다.

2040년까지로 계획된 제3차 도련선은 중국 측이 미국의 반발이 확대될 것을 우려해 구체적인 선의 범위를 공개하지 않고 있습니다. 전문가들은 그 범위를 태평양을 반분하는 알류샨열도-하와이제도-뉴질랜드를 잇는 선으로 추정하고 있습니다. 미국의 태평양 독점 지배를 저지하기 위해 서태평양 전역을 중국 해군의 작전 반경으로 삼겠다는 구상입니다. 중국은 이를 위한 핵심 전력으로 현재 3척을 보유 중인 항공모함(航空母艦)의 숫자를 지속적으로 늘려나갈 것으로 보입니다. 중국은 여기에 그치지 않고 늦어도 2050년까지는 전 세계의 바다에서 항공모함 전투단 훈련을 수행할 수 있도록 해군 전력의 확장과 고도화를 계속 추진할 계획인 것으로 알려졌습니다.

물론 중국 해군의 도련선 전략을 남중국해 해상에서 벌어지고 있는 영토 분쟁과 동일시할 수는 없습니다. 도련선은 공해상에서 제해권을 행사하는 범위를 말하는 것이지, 그 바다를 영해로 편입하자는 것이 아니기 때문입니다. 미국의 '힘의 우위'가 확실한 현재의 국제 역학상 도련선은 중국의 영해선이 될 수도 없고, 또 그래서도 안 됩니다.

그렇지만 중국이 남중국해의 인공섬을 군사기지로 건설하는 사례에서 보듯 둘 사이의 깊은 연관성을 부정할 수는 없습니다. 해상 분쟁에서는 불가피하게 해군 전력이 '힘에 의한 현상 변경'의 주요 수단이 될 수밖에 없기 때문입니다.

중국의 야심만만한 도련선 전략이 성공하기 위한 조건은 막강한 해군력의 보유만이 아닙니다. 도련선에 연한 국가들과의 협력이 그에 못지않게 중요합니다. 인도-태평양의 제해권을 두고 미국과 경쟁해야 하는 중국의 입장에서는 더욱 그렇습니다. 그런데 앞서 살펴봤듯이 중국은 동중국해와 남중국해의 거의 모든 연안국과 영토 갈등을 겪고 있습니다. 더구나 도련선의 주축에 자리한 한국·일본·대만·필리핀 등은 모두 미국의 동맹국이거나 친미 국가입니다.

·

이런 정세 아래서 중국이 역내에서 도련선 전략을 성립시키기 위한 국제적 협력을 이끌어내는 일을 할 수밖에 없을 것입니다. 현재의 시점에서 도련선은 중국의 방어선이 아니라 미국의 방어선이라는 지적이 나오는 이유입니다.

중국의 2차 도련선 전략에서 핵심적인 위치를 지닌 서태평양상의 동중국해와 남중국해는 미국의 '인도-태평양 전략'과 충돌하는 최전선입니다. 미국은 '항행(航行)의 자유(自由)'를 내세우며 중국 해군의 공세적 굴기에 맞대응하고 있습니다. 미국이 중국의 1, 2차 도련선 안팎의 공해에서 자국의 군사력을 전개하고 중국의 분쟁 상대국 등과 연합해 해상 훈련을 실시하는 것은 이 지역에서 자국 주도의 국제 질서를 대체하려는 중국의 도전을 좌시하지 않겠다는 전략의 표현일 것입니다.

중국의 태평양 진출을 막으려는 미국의 행보는 전방위적입니다. 연안국들과 '항해의 자유' 작전을 펼치며 대만해협과 남중국해로 직접 진출하는 것은 물론, 각종 국제 협력체를 조직해 대중국 포위망을 조이고 있습니다. 호주(AU)·영국(UK)·미국(US)의 삼국 동맹체인 오커스(AUKUS), 인도·호주·일본을 끌어들인 4개국 안보 협의체인 쿼드(QUAD: Quadrilateral Security Dialogue), 최근 접촉면을 늘리고 있는 한·미·일 협의체가 대표적입니다.

특히 2023년 8월의 한·미·일 정상회담은 사상 최초로 중국을 적시해 남중국해에서의 군사적 행동을 비판했습니다. 3국 정상은 '캠프 데이비드 정신'이라는 이름의 공동성명을 통해 "남중국해에서의 중국에 의한 불법적 해상 영유권 주장을 뒷받침하는 위험하고 공격적인 행동"을 비난하면서 "인도·태평양 수역에서의 어떤 일방적 현상 변경 시도에도 강하게 반대"한다며 중국을 압박했습니다.

대만해협과 남중국해에서 조성된 긴장의 결말을 장담하기 어려운 가운데, 이번에는 중국 정부가 발간한 지도 한 장이 평지풍파를 일으켰습니다. 2024년 8월 중국 자연자원부가 공개한 중국 정부의 공식 지도(2023년 판 표준지도)에는 중국의 국토 면적이 세계 2위인 캐나다를 제친 것으로 나와 있습니다. 중국이 주변국과 영토 분쟁을 벌이고 있는 사방의 땅을 모조리 자국 영토로 표기했기 때문입니다. 중국의 현상 변경 혐의(嫌疑)를 하나 더 추가한 것입니다.

중국의 새 지도는 인도 및 러시아와 국경 분쟁을 벌이고 있는 육상 지역은 물론이고, 여러 나라와 복잡하게 얽힌 영토 분쟁이 진행 중인 남중국해의 섬과 지형을 대거 자국 영토로 표기했습니다. 특히 중국은 남중국해의 영토선을 기존 9단선보다 한 발짝 더 나아간 '10단선'에 입각해 대만 동부 해역으로 확장했습니다.

이렇게 되면 중국의 국토 면적은 기존의 960만km²에서 1,045만km²로 늘어나 러시아(1,710만km²)에 이어 국토 면적 세계 2위 국가로 올라갑니다. 캐나다의 국토 면적(998만km²)을 넘어선 것입니다. 동아시아 해상 섬들에 대한 중국의 영유권 주장이 자국 사서의 단편적인 기록을 근거로 하고 있다는 점을 감안하면, 중국 정부의 공식 지도가 지닌 함의는 결코 작다고는 할 수 없습니다.

　　　　　　　2025 중국에 묻는 네 가지 질문

중국의 '논쟁 보류, 공동 개발' 영토 분쟁 원칙은 수정되었나

개혁·개방에 나선 이래, 영토 분쟁에 대한 중국의 대원칙은 '논쟁 보류(論爭保留), 공동 개발(共同開發)'이었습니다. "분쟁 해결은 반드시 평화로운 방법에 의거하되, 최종 해결이 어려우면 분쟁을 중단하고 공동 개발을 추진하라"는 덩샤오핑의 지침에 따른 것입니다. 영토 분쟁 문제가 개혁·개방 추진에 짐이 되지 않도록 하겠다는 판단에 기초한 충돌과 대립의 회피 전략입니다.

그런데 2010년대 이후 드러난 영토 문제에 대응한 중국의 움직임은 이 원칙을 수정한 것으로 외부에서는 받아들이고 있습니다. 이는 중국이 국경 분쟁 대응 원칙의 상위 개념에 해당하는 영토 정책을 전환한 데 따른 결과입니다.

신중국의 건국 이후 중국 정부는 중국과는 다른 길을 걷고 있는 대만 및 홍콩, 마카오를 중국 본토에서 분리된 영토로 간주한 적이 없습니다. '하나의 중국'이라는 대전제 아래 대만과 홍콩을 영토 문제의 국가 '핵심 이익'으로 취급해온 것은 이런 인식에 바탕을 두고 있습니다. 중국이 홍콩시민의 반발과 국제사회의 비난에도 불구하고 홍콩의 중국화를 밀어붙인 것도 그 일환입니다. 국제사회도 대체로 이런 '하나의 중국' 주장을 인정하거나 수용해왔습니다.

그러던 중 중국은 2008년 신장과 티베트 문제에 이어, 2009년에는 동중국해 및 남중국해 영토 문제를 국가 '핵심 이익'의 범주에 추가했습니다. '신장과 티베트 문제'는 이 지역의 분리 독립 움직임을 용인하지 않겠다는 정책 의지의 표명이라는 점에서 현상 유지 정책에 가깝습니다. 반면에 '동중국해 및 남중국해 영토 문제'의 제기는 중국이 이 지역의 해양주권 확보에 적극적으로 뛰어들겠다고 선포한 것이나 다름없었습니다. 중국이 동아시아의 해상에서 현상 변경을 시도한다는 비판에 직면하게 된 계기입니다. 중국이 이 해역들이 지닌 전략적·경제적 중요성에 주목하고 공세적인 대처에 나섰기 때문입니다.

이 지역에 해상 교통로 확보와 국제 전략상의 우위 확보, 자원 개발 선점 등의 사활적 이해관계가 걸려 있음을 주목하기 시작한 것입니다. 그러면서 중국은 동아시아의 해상은 2차 대전 기간에 일시적으로 일제에 의해 강점된 것일 뿐, 2000년에 걸쳐 개척해온 자신들이 영토라는 논리를 내세우고 있습니다. 요컨대 현상 변경이 아니라 원상회복(原狀回復)에 가깝다는 주장입니다.

분명한 팩트는 중국이 아시아태평양 지역에서, 특히 남중국해 해상에서 이전에는 볼 수 없었던 공세적인 영토 확보에 나서고 있다는 점입니다. 중국의 군사기지가 들어선 남중국해의 인공섬은 부인할 수 없는 이 사실의 증좌(證左)입니다. 중국은 자국의 행보를 역사적 권리에 입각한 주권 행사로 합리화하는 반면, 상대국과 국제사회에서는 이를 경제력과 군사력을 앞세운 현상 변경 시도라고 비판하고 있습니다.

동아시아 해역은 중국 측의 '역사적 권리에 기반한 영토 주권'

의 논리와 반대편의 '현상 변경을 통한 패권 강화' 논리가 첨예하게 대립하는 분쟁의 현장입니다. 관련국들의 대응과 맞대응이 상호작용하면서 긴장이 고조되고 군사적 충돌 가능성은 그만큼 커지고 있습니다.

동아시아 해상 분쟁에서 중국에 요구되는 과제는 향후의 지혜롭고 세심한 상황 관리일 것입니다. 동중국해 및 남중국해 영토 문제의 '핵심 이익'에 대한 탄력적 적용, 동중국해의 댜오위다오 문제와 남중국해 군도 문제의 분리 대응, 분쟁 해역의 공동 개발과 이익 공유 등의 방법이 있을 수 있습니다.

중국이 공식적으로는 '논쟁 보류, 공동 개발'의 원칙을 수정하거나 폐기한 적은 없다고 주장하지만, 핵심 이익 범주가 확대되면서 중국의 영토 분쟁 대응에서 실질적인 변화가 일어난 것은 사실입니다. 2010년대 이후 벌어지고 있는 동남아시아 국가들과의 해상 분쟁은 현상 변경 시도라는 대외적인 불신과 의구심을 초래했고, 이는 역내 평화를 위협하는 요인으로 작용하고 있습니다.

저는 남중국해를 비롯한 동아시아 해역의 긴장 고조는 평소 '평화 DNA'를 보유하고 있다고 자처해온 중국 지도부의 지향과도 상충(相衝)한다고 생각합니다. 핵심 이익과 분쟁 갈등의 조화를 이뤄낼 '솔로몬의 지혜'가 절실히 요구되는 시점입니다.

동북아 평화 유지가 국익이 되는 나라는?

현재의 엄중하고 복잡한 정세 아래서 중국과 한국은 똑같이 평화 유지가 국익이 되는 나라입니다. 북한과 일본처럼 현상 타개를 도모해야 할 필요도 없고, 그럴 만한 내적 조건을 완비하지도 않았습니다. 두 나라의 차이가 있어도 정도의 차이가 있을 뿐, 본질은 같습니다. 중국이 평화 유지와 현상 변경 사이에서 아슬아슬한 줄타기를 하는 중이라면, 한국은 현상 유지 곧 평화가 국익이면서 미래 전략인 나라입니다.

물론 한국인들도 궁극적으로는 한반도의 통일(統一)이라는 근본적 현상 변경을 소망합니다. 그렇지만 그 과정이 평화스럽길 원합니다. 어느 날 갑자기 벼락처럼 다가오는 통일이 아니라, 충분한 준비와 숙성의 시간을 거친 통일을 원합니다. 남과 북, 주변국 모두에 충격과 후유증을 최소화할 수 있는 방향으로 통일이 찾아오길 소망하고 기대합니다.

현 단계의 국제 질서를 더욱 복잡하고 불확실하게 만들고 있는 것은 바로 러시아-우크라이나 전쟁입니다. 블라디미르 푸틴 대통령의 러시아는 막강한 핵무기와 에너지 자원을 바탕으로 글로벌 강대국의 부활을 꿈꾸며 미국과 서방에 맞서고 있습니다. 이러한 러시아의 행보는 중국과의 반서방 연대를 강화하며 글로벌 지정학적 지형에서 서방과 비서방 세력 간의 갈등을 심화시키고 있는데, 특히 2022년 러시아-우크라이나 전쟁의 발발은 이러한 신냉전 구도를 더욱 고착화시켰다고 판단됩니다.

한반도와 동북아 지역에서 신냉전의 여파는 매우 뚜렷합니다. 북한은 바이든 행정부 출범 이후 미·북 대화가 단절된 상황에서 도발의 수위를 점차 높이며 SLBM과 전술핵무기를 공개하고 각종 발사체 시험을 지속했습니다. 그러나 중국과 러시아는 유엔 안보리 차원의 대북 제재에 소극적으로 대응하며 북한의 행동을 묵인하고 있는 상황이고요. 이에 따라 한·미동맹은 다시 강화되고, 한·미· 일 간 안보 및 경제 협력도 더욱 긴밀해지면서 동북아에서의 신냉 전 구도가 공고화될 가능성이 커졌습니다.

우크라이나 전쟁은 북한의 핵·미사일 능력 고도화에 직접적인 영향을 미친 것으로 판단됩니다. 2022년 3월 북한은 4년 만에 대 륙간탄도미사일(ICBM) 발사를 통해 핵·미사일 모라토리엄을 파기 하고, 앞서 언급한 것처럼 40차례 이상의 발사체 시험을 단행했습 니다. 이는 미국에 대한 불신과 국제사회의 주목을 받으려는 의도 로 평가됩니다. 우크라이나가 1994년 부다페스트 각서에 따라 핵 을 포기한 이후 러시아로부터 배신당한 상황을 지켜본 북한은 핵 보유의 중요성을 더욱 절실히 인식하게 되었을 것이기 때문입니 다. 이러한 북한의 핵·미사일 도발은 러시아와의 연대를 강화하는 데 기여했으며, 중국과 러시아의 묵인 아래 그 능력을 계속 고도화 할 수 있었다는 것이 일반적인 인식입니다. 이는 한·미동맹 강화와 한·미·일 협력 체제 구축이라는 반작용을 초래하며 동북아 지역 에서 신냉전 구도를 심화시키고 있는 것입니다.

2023년 9월, 러시아 푸틴 대통령은 북한 김정은 국무위원장을 만나 군사 협력을 포함한 전략적 관계를 논의했는데요. 러시아는 우크라이나 전쟁 장기화로 인해 탄약과 재래식 무기 부족 문제를 겪고 있으며, 북한은 러시아의 이러한 필요를 충족시킬 수 있는 주요 공급원이기 때문으로 보입니다. 반면, 북한은 러시아와의 협력을 통해 핵잠수함 개발, ICBM 대기권 재진입 기술 등 핵심 군사 기술 확보를 기대하고 있습니다. 또한, 에너지와 식량 지원, 경제적 협력, 노동자 파견 등의 경제적 혜택도 추구하고 있는 것으로 판단됩니다. 즉, 북한과 러시아의 이익 교집합은 양국 밀착을 강화하는 중요한 요인이라 할 수 있습니다. 북한은 미국과의 협상이 결렬된 이후 방향을 전환해 러시아와의 협력을 통해 군사력을 증강하고 경제적 이익을 추구하며, 러시아는 외교적 고립을 타개하고 군수물자 확보를 위해 북한과의 협력에 집중하고 있는 것입니다.

한편 중국은 미국의 패권주의와 일방주의에 맞서기 위해 러시아와의 밀착을 강화하며, 북한과의 협력을 통해 동북아 지역의 안정과 자국의 전략적 이익을 도모하고 있는 것으로 비칩니다. 그러나 북·러 밀착이 북·중·러 연대의 강화로 이어질지에 대해서는 전문가들의 의견이 갈리는데요. 일부는 중국이 북·러 연대를 긍정적으로 보고 적절한 시점에 합류할 가능성을 제기하는 반면, 다른 분석가들은 중국이 미국 및 서유럽과의 경제적 상호 의존도를 고려해 동북아 지역 긴장을 고조시킬 다자 협력에는 소극적일 것이라고 전망하고 있습니다.

제가 지켜본 바로는 중국은 자국의 이익을 우선시하면서 북·러 밀착을 다자적 연대로 전환하려는 움직임과 거리를 두고, 러시아 및 북한과의 전략적 연대를 제한적으로 유지할 가능성이 클 것으로 판단됩니다. 이로 인해 동북아 지역에서 신냉전 구도의 공고화가 가속화되지는 않을 수 있지만, 지정학적 긴장은 계속될 여지가 있습니다.

한마디로 러시아-우크라이나 전쟁과 북한-러시아 밀착은 동북아 지역에 새로운 긴장을 불러일으켰습니다. 북한의 핵·미사일 도발과 한·미동맹 강화, 그리고 북·중·러 연대 가능성은 동북아 신냉전 구도를 더욱 복잡하게 만들고 있는 것입니다. 향후 동북아 지역의 안정은 이러한 연대와 갈등의 균형 속에서 결정될 것입니다.

하지만 지금 시기만 놓고 보면, 한국의 집권 세력이 사려 깊지도, 치밀하지도 못한 대외 정책을 펼치며 미국의 세계 전략에 동원되고 있는 현실이 우려스럽기는 합니다. 윤석열 정부는 대북 적대 정책으로 일관하면서 한반도 위기를 고조시키는 한편으로, 편향된 진영 외교에 집착해 중국과 러시아를 적으로 돌리는 우를 범하고 있습니다.

윤 대통령은 대만 문제의 공론화에 총대를 메서 대중 관계를 냉각시켰고, 전쟁 중인 우크라이나를 전격 방문해 러시아를 자극해 북·러 군사 협력의 빌미를 제공했습니다. 그동안 꽁꽁 감춰왔던 대통령 개인의 극우(極右) 본색을 드러내듯이 일방통행식 외교를 펼치는 것은 한반도의 리스크를 키울 뿐입니다.

윤석열 정부는 한·미동맹을 강화하고 한·일 협력을 확대하면서 동북아 신냉전의 한 축을 자처하고 있습니다. 특히 일본 해상 자위대가 참여하는 한·미·일 군사훈련을 실시하고 도쿄전력의 원전 오염수 방류를 적극 두둔하는 등 윤석열 정부의 대일 협력 수위는 갈수록 높아지고 있습니다. 이런 일련의 움직임이 아시아판 NATO로 확대될 수 있다는 일각의 주장이 기우이기를 바랄 뿐입니다.

윤석열 대통령의 낮은 국내 지지율은 외교 정책, 특히 주변국과의 관계 재설정에 현저한 어려움을 초래할 것으로 전망되며, 이러한 지지율 하락이 트럼프 행정부의 재출범 시 더욱 두드러질 것으로 예상됩니다. 트럼프가 윤 대통령의 약점을 이용하여 한국에 대한 경제적 요구를 강화할 가능성도 충분히 예상할 수 있으며, 특히 문재인 정부 때 요구했던 것처럼 방위비 분담금을 자발적으로 증대시키려 할 것이라는 우려도 제기됩니다. 더불어 북·미 간 직접 협상이 진행되고 러시아-우크라이나 전쟁에서 러시아를 선택한다면 윤 대통령과 시진핑이 배제될 수 있다는 걱정도 하지 않을 수 없습니다.

미국은 안보와 경제를 결합한 대중국 하이브리드 전쟁을 이어가는 와중에도, 2022년 6,900억 달러 규모의 기록적인 대중국 무역 관계를 이어갔습니다. 미국과 중국의 '경제적 이혼(離婚)'이 가능하지도, 바람직하지도 않기 때문입니다. 일본은 미·중 반도체 전쟁의 와중에서 세계 최대 파운드리 기업 TSMC의 일본 공장을 유치하는 실리를 챙겼습니다. 한국에 빼앗겼던 반도체 산업의 경쟁력을 되찾기 위한 발빠른 행보입니다. 대만 독립을 지향하는 민진당 정부조차 실제로는 본토와 경제·사회적 교류를 할 만큼 다 하고 있습니다.

물론 현 정부의 대외 정책 지향이 수교 30주년이 넘은 한·중 관계를 근본적으로 허물지는 못할 것입니다. 무엇보다 중국은 한국의 최대 교역국입니다. 정치적·외교적 대립 구도와는 별개로 두 나라 경제 관계의 밀접성은 이미 돌이키기 어렵습니다. 동네 편의점 주인이 꼴 보기 싫다고 멀리 떨어진 동네로 물건을 사러 다닐 수는 없는 일입니다.

이와 관련해 2024년 11월 중국에 입국하는 한국인에 대한 비자 면제 조치를 언급하지 않을 수가 없습니다. 중국의 한국인 대상 비자 면제 조치는 단순한 인적 교류 편의 제공을 넘어, 복합적인 전략적 의도를 내포하고 있는 것으로 분석됩니다. 중국은 미국 대선 이후 예상되는 지정학적 불확실성에 대비해 한국과의 관계 개선에 적극적으로 나서고 있으며, 특히 한·미·일 협력 강화 속에서 한국을 중국 쪽으로 끌어들이려는 의도를 보이고 있습니다. 북·러 밀착으로 인해 흔들리는 한반도에 대한 영향력을 만회하고, 윤석열 정부와의 직접적인 대화 채널 부재를 공공 외교(公共外交)로 우회하는 전략을 펼치고 있는 것으로 해석됩니다. 또한, 중국 정부의 싱하이밍 대사의 귀임 결정에 대한민국 정부는 전임 대통령실장인 김대기 실장을 주중대사로 지명하면서 양국 간 긍정적인 외교적 신호를 교환했다고 볼 수 있습니다. 전체적으로 향후 한·중 관계의 새로운 국면을 예고하는 움직임이 일어나고 있다고 하겠습니다.

한반도를 둘러싼 세 강대국의 대립과 갈등은 어떠할까요? 제가 판단할 때 미국·중국·러시아 간의 대립과 갈등은 서로의 변방 국가에 대한 대리전 성격의 군사적 충돌로 이루어지고 있습니다. 미국은 중국에 대해 경제적 압박과 군사적 봉쇄를 동시에 추진하며, 이는 인도양과 태평양으로의 중국 진출을 억제하는 데 집중되고 있습니다. 중국은 방글라데시와 필리핀에서 친미 정권 구축을 시도하며, 이를 통해 태평양으로의 해양 수송로를 확보하려 하고 있는 것으로 보입니다.

필리핀은 중요한 전략적 요충지로, 과거 두테르테 정부 하에 중국과의 등거리 외교를 시도했으나, 현 마르코스 정부가 친미로 선회하면서 미국의 군사적 존재가 강화되고 있다고 여겨집니다. 반면 중국은 필리핀의 친미 전환을 반대하려 했으나 실패하였고, 이로 인해 중국에 대한 반감이 더욱 커지고 있습니다. 따라서 중국은 필리핀에서의 실패를 교훈 삼아, 최근 인도네시아와의 공동 개발 추진 등 대외 정책 방향을 수정하고 있는 것으로 판단됩니다.

미국과 러시아의 관계는 더욱 복잡합니다. 양국은 사실상 전쟁 상태에 있으며, 러시아의 북한군 파병 여부가 주목받고 있습니다. 이러한 상황 속에서 한국과 같은 국가들은 강대국 간의 대립 속에서 어려움을 겪을 가능성이 클 수밖에 없습니다. 특히 일방주의자인 윤석열 정부 하에서, 이러한 대립은 세 나라의 갈등에 한국이 휘말려 들어갈 위험성을 심각하게 고조시키고 있습니다.

이러한 동북아의 격랑 한가운데에서 평화 유지와 현상 변경 사이에서 아슬아슬한 줄타기를 하는 중국으로서는 다시 한번 덩샤오핑의 '논쟁 보류, 공동 개발' 원칙을 복기해볼 필요가 있다고 생각합니다. 어쩌면 이 원칙은 평화통일을 고대하는 한국의 분단 관리에도 유용한 지침이 될 수 있을지도 모릅니다.

현재 중국은 중국 경제의 질적 발전을 저지하려는 미국의 경제 공세, 핵무장의 고도화를 벼랑 끝 생존 전략으로 삼고 있는 북한, 재무장 및 핵무장의 군불을 지피는 일본이라는 세 방면의 위협에 직면해 있습니다. 한·미·일 3국은 정치·군사적 협력을 강화하면서 대중국 대치 전선을 선명하게 구축하고 있습니다. 이런 주변국의 동향은 동북아 정세의 불안정성을 키우고 군사 충돌의 가능성을 높이는 요소입니다. 그만큼 동북아가 평화의 길에서 멀어질 수 있다는 징조입니다.

아직까지 중국은 경제력·군사력의 하드 파워뿐만 아니라 소프트 파워의 측면에서 미국의 세계 패권을 대체할 힘을 갖추지 못했습니다. 그렇다고 미국이 중국을 완전히 고립시키고 예전처럼 일방적인 패권을 행사할 수 있는 시대도 아닙니다.

개발도상의 중국 경제가 연착륙을 이루고 인민의 공동 부유를 실현하기 위해서는 동북아 평화가 필수 조건입니다. 저는 시진핑 지도부의 머릿속에는 대만 문제도, 북핵 문제도 아닌 중국 경제의 미래와 민생에 대한 고민이 가득 차 있으리라 믿고 있습니다.

지금과 같은 내외의 조건에서 중국 지도부가 취할 수 있는 최상의 선택지는 무엇일까요? 무엇보다도 저는 중국 개혁·개방의 설계자인 '작은 거인' 덩샤오핑의 원려심모한 '도광양회'식 혜안(慧眼)이 다시 필요할 때라고 생각합니다.

"중국의 미래를 위해 도광양회의 정신으로 돌아가라!"

제가 중국 조야에 드리고 싶은 우정 어린 제언입니다. 과거로 돌아가자는 말이 아닙니다. 힘이 없을 때는 몸을 사리고 힘이 생기면 나대라는 말도 아닙니다. 시진핑 주석의 중국 지도부가 중국공산당 초기 지도자들이 가졌던 이상과 정신을 잃지 말아야 한다는 당위의 차원에서 드리는 제언입니다.

물론 저도 덩샤오핑의 도광양회 정책은 이미 시효를 다했다는 전문가의 지적이 타당한 측면이 많다는 점을 모르지 않습니다. 집권 중국공산당이 더 이상 노동자, 농민의 정당이 아니라 5억 명 안팎으로 늘어난 중국 중산층의 이해를 대변하는 정당으로 변모했다는 주장에도 일면 수긍할 수 있습니다. 3기 집권에 성공한 시 주석이 마오쩌둥도, 덩샤오핑도 못한 일을 해낸다는 야망을 실현하기 위해 중국몽의 굴기를 독려하고 있는 듯한 사정을 제가 짐작 못 할 바는 아닙니다.

그렇다고 거대 중국이 눈앞의 국익에만 집착하는 모습을 보인다면, 그동안 중국공산당이 비판해온 약육강식(弱肉强食)의 자본주의 국가의 길과 다를 바가 무엇이겠습니까! 저는 도광양회 정신이 평화롭고 안정적인 국제 질서의 구축과 공영·호혜의 대동세상 실현을 지향하고 있다고 생각합니다.

저는 도광양회 정신의 회복이야말로 시진핑 주석이 2014년 독일 쾨르버재단 초청 연설에서 천명했던 중국의 '평화적 발전 노선'을 담보하는 길이라 믿어 의심치 않습니다.

그 어느 해보다 뜨거웠던
국제관계의 2024년을 보내고 2025년을 맞으며

지난겨울(2023~2024년)에서부터 이번 겨울(2024~2025년)에 걸쳐 진행되고 있는 국제 정세의 동향에는 동북아의 정세와도 직결되는 굵직한 이슈들이 복잡하게 얽혀 있습니다. 예컨대 북한의 '적대적 두 국가론'과 계속되는 핵·미사일(정찰 위성 발사 성공과 다탄두 ICBM 시험 발사, 7차 핵실험 여부 등) 도발, 북한군의 러시아 파병과 우크라이나 전쟁의 격화(激化), 트럼프의 재집권과 예고된 미국발 통상 전쟁의 파고 등등이 대표적일 것입니다. 하나하나가 동북아의 정세에 어떤 격랑(激浪)을 몰고 올지 파괴력을 가늠하기 힘든 초대형 쟁점들입니다.

또한 아직도 불길이 꺼지지 않은 중동의 이스라엘-하마스 전쟁, 넓게는 이스라엘 대 이란 및 '저항의 축(Axis of Resistance, 하마스·레바논 헤즈볼라·예멘 후티 반군·팔레스타인 이슬람 지하드·이라크 이슬람 저항 운동 등)' 사이의 무력 분쟁도 미래가 불투명하기는 마찬가지입니다. 2024년 11월 말 현재 교전 주체의 한 축인 이스라엘과 레바논 최대 무장 정파 헤즈볼라가 60일간 휴전에 들어가는 조약을 체결하긴 했지만, 불씨는 여전히 남아 있습니다. 특히 1기 트럼프 정부가 노골적인 친이스라엘 행보를 보였다는 점에서, 트럼프 2기에서는 미국 및 이스라엘과 아랍 세계 사이의 갈등의 골이 더 깊어질 가능성도 배제할 수 없습니다. 이런 중동의 불안정이 어떤 형태로 표출되어 향후 국제정치 및 세계 경제에 얼마만큼의 리스크를 안길지는 달리 예측할 방법이 없습니다.

이상에서 거론한 문제들이 모두 해당 역내를 넘어 세계 전체, 좁게는 동북아의 정세와도 직간접적으로 복잡하게 얽혀 있는 게 엄연한 국제관계의 현실입니다. 어느 것 하나 그냥 흘려보내거나 소홀히 넘길 수 있는 문제가 아닙니다. 아래에서 시간의 제약으로 본문에 미처 다 담아내지 못한 관련된 국제사회의 동향을 간략하게 덧붙여 마무리 글에 대신하고자 합니다.

미국의 정권 교체와 우크라이나 전쟁

개전 3년 차를 꼭 채워가고 있는 우크라이나 전쟁은 북한군의 러시아 파병설(派兵說)이 기정사실로 여겨지면서 확전의 중대 기로에 서 있습니다. 그동안 확전을 경계하면서 상황을 관리하던 양측이 첨단 미사일을 동원한 공격을 주고받으면서 3차 대전의 발발과 핵전쟁의 가능성까지 거론되고 있는 실정입니다.

미국과 영국·프랑스가 우크라이나에 지원한 탄도미사일 '에이태큼스(ATACMS: Army Tactical Missile System, 육군 전술 미사일 시스템)'와 순항미사일 '스톰섀도(Storm Shadow, 프랑스명 '스칼프(SCALP-

EG)')가 러시아 본토의 군사시설을 공격하고, 이에 맞서 러시아는 핵무기 사용 조건을 완화하고 신형 극초음속 중거리 탄도미사일(IRBM, '오레니시크')을 우크라이나의 군수 단지에 시험 발사했습니다. '오레니시크'는 핵탄두를 탑재할 수 있는 것은 물론, 재래식 탄두만으로도 핵무기에 버금가는 파괴력을 가진 강력한 신형 무기로, 현재로선 그 어떤 방공망도 이를 막지 못할 정도인 초속 2.5~3km(음속의 11배)의 빠른 속도를 낸다는 게 러시아 측의 주장입니다. 한편, 미국은 그동안의 금기를 깨고 우크라이나에 대한 대인 지뢰 지원을 공식화함으로써, 러시아군의 서진(西進)을 막는 데 진력하고 있습니다.

특히 이런 전쟁 양상은 미국 대선이 일찌감치 트럼프의 재집권으로 귀결된 직후부터 더 가열되고 있습니다. 양측이 트럼프의 취임 이후 전개될 종전 협상에 대비해 한 뼘의 땅이라도 더 차지하기 위해 필사적으로 나서고 있기 때문입니다. 러시아와 우크라이나 및 우크라이나를 지원한 서방세계가 확전의 경계를 넘나드는 아슬아슬한 전쟁을 이어가고 있는 형국입니다. 트럼프가 대선 캠페인 과정에서 우크라이나 전쟁은 유럽의 문제일 뿐이라며 "취임 직후 24시간 내 종전(終戰)"을 장담했기 때문입니다. 양측 모두 현재의 전선을 동결해 종전을 추진할 가능성에 대비해 총력을 기울이고 있는 것입니다.

퇴임을 앞둔 바이든 대통령이 금기를 깬 우크라이나 지원 조치를 잇달아 내놓는 것에 대해 제3차 세계대전 발발을 우려하는 비판의 목소리가 미국 안팎에서 나오고 있습니다. 미국 내에서는 트럼프 당선인 측 인사들이 앞장서서 바이든 행정부의 결정을 비판했습니다. 트럼프 당선인의 장남인 트럼프 주니어가 "군산 복합체(軍産複合體)는 아버지가 평화를 만들고 생명을 구할 기회를 갖기 전에 3차 대전을 일으키고 싶어한다"며 SNS에 글을 올린 게 대표적입니다. 상대국인 러시아 측 인사들도 미국이 제공한 미사일이 러시아 본토를 타격한 사실을 사실상 나토가 러시아를 공격한 것으로 간주하고 "제3차 세계대전 시작을 향한 매우 큰 발걸음"*이라며 강하게 반발했습니다. 반면에 우크라이나 측에서는 북한군의 파병으로 이미 3차 대전이 시작되었다며 국제사회에 더 많은 지원을 촉구하고 있는 실정입니다.

만에 하나 러시아-우크라이나 전쟁이 3차 세계대전으로 확대된다면 인류는 예상키 어려운 대재앙에 직면하게 될 것이 분명합니다. 온갖 하이테크 기술이 접합된 첨단 무기들이 창공을 가를 것이고, 교전국들은 전황을 일거에 반전시킬 핵무기 사용의 유혹에 시달릴 게 불 보듯 뻔합니다.

러시아-우크라이나 전장에서는 이미 그 개연성의 단초가 드러나는 중입니다. 미국과 서방 진영은 '북한군 파병설'을 전쟁의 중대 전환 국면으로 보고 러시아 본토로 첨단 미사일이 발사되는 것을 승인했고, 러시아는 이에 대응해 ICBM 기반의 극초음속 다단투 신

---

* 러시아 국가두마(하원) 국제문제위원회 부위원장 블라디미르 자바로프.

형 발사체를 시험 발사했습니다. 그 사이 러시아는 핵무기의 사용 조건을 완화해 "러시아가 핵보유국의 지원을 받은 비(非)핵보유국의 공격을 받을 경우 핵무기를 사용할 수 있"도록 핵 교리를 수정했고, 미국에서는 진작부터 냉전 해체 이후 중단했던 핵실험을 재개해 러시아와 중국에 대한 핵전력의 압도적 우위를 유지해야 한다는 목소리가 나오기 시작했습니다. 새로운 국면을 맞은 우크라이나 전쟁을 계기로 강대국들이 '신군비 경쟁'에 뛰어들 수 있는 환경이 조성되고 있는 것입니다.

그래도 아직은 3차 대전 및 핵전쟁에 관한 언급들이 발발 우려에 방점이 찍혀 있고, 당사국 모두 제한적인 확전을 시도하면서도 본격적인 확전에는 신중하다는 게 다행이라면 다행입니다. 미국이 에이태큼스의 사용 승인을 요구하는 우크라이나의 재촉을 무시하는 동안, 러시아는 폭격기의 90%를 포함한 미사일과 군사 인프라 일부를 미사일 사정권 밖으로 옮겨 놨습니다. 러시아도 '오레니시크'를 시험 발사하면서 사전에 '핵 확산 방지 핫라인'을 통해 미국에 통보함으로써 '레드 라인'을 지켰습니다. 미국과 서방세계가 우크라이나에 지원한 첨단 미사일도 현재로서는 우크라이나 전쟁의 전세를 뒤집기는 역부족(力不足)이라는 관측이 우세합니다. 미국이 우크라이나에 지원한 에이태큼스는 수십 기 정도의 한정된 수량에 불과하고, 영국의 스톰 섀도 미사일도 워낙 고가인 데다 재고마저 충분하지 않아 지원에 한계가 있을 수밖에 없다는 게 중론입니다.

북·러의 밀착과 현실로 드러나는 '북한군 파병설'

2022년 2월 24일, 러시아군이 우크라이나 동부의 돈바스(도네츠크주와 루한스크주) 지역에 수립된 친러시아 자치 정부를 지원한다는 명분으로 우크라이나를 침공한 이래, 두 나라의 전쟁은 어느덧 만 3년째를 맞고 있습니다. 겉으로 드러난 것은 영토 분쟁(領土紛爭)이지만, 그 이면에는 우크라이나를 끌어들여 나토(NATO)의 동진을 추진하려는 서방과 이를 자국 안보의 중대한 위협으로 보고 저지하려는 러시아의 힘겨루기가 깔려 있다는 것이 전문가들의 분석입니다.

전장(戰場)이 된 우크라이나는 쑥대밭이 되었습니다. 영토의 1/4이 러시아에 점령당했고, 전쟁 이전 4,300만 명이던 인구가 3,500만 명으로 줄었습니다. 인구의 1/5 정도가 국외로 탈출해 난민(難民)이 됐으며, 2할 이상 규모가 축소된 국가 경제는 서방의 지원이 없으면 현상 유지조차 힘겨운 형편입니다. 2024년 8월 우크라이나가 불리한 전황을 타개하기 위해 러시아 서부의 쿠르스크주의 일부를 기습 점령하긴 했지만, 러시아의 대대적인 공세로 이곳에서 마저 열세(劣勢)에 처한 것으로 전해지고 있습니다.

우크라이나와 접경한 쿠르스크주의 전선에는 1만 1,000명가량의 북한군이 배치된 것으로 한국과 서방의 정보 당국은 분석하고 있습니다. 러시아에 파병된 북한군이 특수작전군 예하 최정예 부대인 11군단으로, 외모가 비슷한 시베리아의 고아시아족으로 신분을 위장하고 있다는 구체적인 첩보도 나오고 있습니다. 아직 러시아와 북한 모두 파병을 공식적으로 인정하고 있지는 않지만, 사실이라면 한반도 및 국제 정세에 심각한 영향을 미칠 중대 사안임은 의문의 여지가 없습니다.

현대에 들어선 이후 한반도에서 여단급의 대규모 전투병을 해외에 파견한 사례는 전례(典例)를 찾기 힘듭니다. 베트남전에 한국군을 파견했던 것 정도가 가장 근접한 사례라고 할 수 있을 것 같습니다. 그런데 2023년 9월과 2024년 6월의 두 차례 정상회담과 그 결과로 준군사동맹 수준의 '포괄적 전략적 동반자 관계 조약'(북·러 조약)을 체결한 것을 감안하면, 북한과 러시아의 군사적 밀착(密着)은 충분히 예견할 수 있는 일이었습니다. 그렇더라도 그 밀착의 수위가 무기 지원이나 군사 기술의 교류 같은 통상의 수준을 넘어서 직접 전투병의 파병으로 이어진 것은 예상외의 초강수(超强手)가 아닐 수 없습니다.

사실 냉전의 해체 직전부터 러시아의 외교 수요에서 상대적으로 비중이 컸던 한반도 국가는 같은 사회주의권인 북한이 아니라 경제적으로 부유한 한국이었습니다. 1996년 러시아가 한국의 요구로 소련 시절 체결했던 북·소 간 군사동맹조약('조소 우호 협력 및 상호 원조 조약')을 파기한 것이 이를 상징합니다. 그런데 우크라이나 전쟁은 이런 러시아의 외교 방향(外交方向)을 불가피하게 수정해야 하는 계기로 작용했습니다.

계속되는 핵·미사일 도발로 국제사회의 제재를 받고 있는 북한과 우크라이나 침공으로 운신의 폭이 제한됐던 러시아의 입장에서는 '국제적 고립'이라는 동병상련의 처지와 '우군 확보'라는 공통의 목표가 서로를 끌어당기는 인력(引力)으로 작용했을 것입니다. 여기다가 새로 등장한 한국의 보수 정부가 이전 정부들의 균형 외교 성과를 무시하고 섣부른 진영 외교(陣營外交)에 집착한 것도 북·러의 접근과 밀착을 촉진시키는 배경의 하나였을 것입니다. 이미 동북아에서 한·미·일 군사 협력의 강화와 북·중·러의 밀착이라는 대치선(對峙線)이 선명히 드러난 가운데, 북한군의 러시아 파병이라는 돌발적인 이슈가 더해지면서 한반도를 둘러싼 긴장의 파고는 시계(視界) 제로의 상황으로 내몰리고 있습니다.

윤석열 대통령은 북한군의 러시아 파병설이 대두된 직후인 2024년 10월 24일 폴란드 대통령과 함께한 언론 발표에서 "북한군 활동에 따라 우크라이나에 대한 살상 무기 지원을 검토할 수 있다"는 취지의 발언으로 거센 논란을 일으켰습니다. 이 발언이 "한국이 우크라이나에 무기를 지원하거나 직접 군인을 파병할 의향이 있는지"를 묻는 폴란드 기자의 질문에 대한 답변으로 나왔다는 점에서, '북한군의 활동 여부에 따라서는 무기 지원은 물론이고 직접 파병도 가능하다'고 확대 해석할 수 있는 위험천만(危險千萬)한 발언이 아닐 수 없습니다.

당장 한국을 우크라이나 전장으로 한 발짝 끌어들이는 경솔한 발언이자 러시아와의 관계를 악화시키는 무모한 언급이라는 전문가들의 따끔한 지적이 나왔습니다. 아울러 "우리가 우크라이나에 살상 또는 전투용 무기를 제공하는 것은 우리 국민의 생명과 국토를 지키고 보전하는 범주에서 벗어나는 일이다"*라는 대표 보수 논객의 훈계도 곁들여졌습니다. 자칫 우크라이나의 전장에서 남북이 대리전(代理戰)을 치르고 어느 순간 전쟁의 불씨가 한반도가 옮겨 붙을 수도 있는 가능성에 대한 우려 때문입니다.

국가원수이자 군 통수권자의 공식 발언은 남다른 무게감을 지닐 수밖에 없습니다. 국익(國益)을 중심에 두고 심사숙고하며 조율되고 절제된 언동으로 메시지를 내는 게 기본입니다. 2023년 4월 윤 대통령의 실익 없는 대만 관련 발언이 한·중 관계를 얼마나 얼어붙게 했는지를 되돌아보면 쉽게 답이 나옵니다. 혹시라도 이른바 '가치 외교(價値外交)'로 포장한 진영 외교의 연장선상에서 우크라이나와 러시아를 선과 악으로 나누는 이분법적 사고의 발로가 아니었기를 바랄 뿐입니다. 국제정치는 범죄자를 처벌하는 검찰 행정이 아닙니다. 복잡다단한 국제관계에서는 영원한 친구도, 영원한 적도 없는 법입니다.

윤석열 정부가 악을 응징한다는 식의 유치하고도 선명한 기치를 내세우고 우크라이나 전쟁에 개입하고 싶어도, 사태가 윤 정부의 의중대로 진행될 여지는 적습니다. 무엇보다 우크라이나 전쟁을 신속하게 종식(終熄)하겠다는 의지가 강한 미국의 2기 트럼프 행정부가 확전을 불러올 한국의 개입을 달가워하지 않을 것이기 때문

---

* 《조선일보》 김대중 칼럼.

입니다. 차기 국가안보보좌관에 내정된 마이크 왈츠(Michael Waltz)의 최근 언론 인터뷰에서 이런 분위기가 감지됩니다. "한국은 어떻게든 개입하려고 논의 중이고 트럼프 대통령은 이 전쟁을 종식시켜야 한다는 점을 매우 분명히 밝혔습니다."* 한국 정부가 우크라이나에 대한 살상 무기 지원을 거론하고 있지만, 정작 차기 미국 정부는 조기 종전의 의지가 확고하다는 점을 내세워 부정적 견해를 내비친 것입니다. 여기다가 트럼프 당선인이 재선 캠프에서 우크라이나 전쟁 종식 계획의 초안을 마련했던 키스 켈로그(J. Keith Kellogg Jr, 트럼프 1기 백악관의 국가안보회의 사무총장·부통령 국가안보좌관)를 우크라이나·러시아 특사로 지명해, '조기 종전'이라는 자신의 장담을 실현하기 위해 발빠른 행보에 나서고 있는 점도 변수입니다.

문제는 2024년 11월 말 현재 권력 인수기의 바이든 정부가 우크라이나에 대한 지원을 크게 확대하고 있다는 점인데, 결국 미국 신·구 정권의 원만한 조율 여부가 이 겨울의 한파 강도를 결정할 것 같습니다.

북·러가 연이은 정상회담을 통해 당장 무엇을 얻으려 했는지는 비교적 분명해 보였습니다. 예기치 못한 전쟁의 장기화로 군수품의 수급에 차질이 생긴 러시아로서는 무엇보다도 북한제 무기 지원을 생명줄로 여겼을 것입니다. '핵무력 완성'을 호언(豪言)하면서도 잇달아 정찰 위성 발사에 실패하고 ICBM 대기권 재진입 기술을 검

---

* 2024년 11월 26일 폭스뉴스.

마무리 글

229

증받지 못했던 북한도 러시아의 관련 기술 전수가 절실히 필요했을 것입니다. 그런데 북한과 러시아의 협력 수위는 이런 평범한 예상을 깨고 북한군의 러시아 파병이라는 급발진으로 이어져 우크라이나 전쟁 격화의 빌미가 되고 있습니다. 외교 경험이 일천(日淺)한 김정은 국무위원장이 노회(老獪)한 푸틴 대통령의 술수에 말려든 것인지, 아니면 북한 내부의 불만을 외부로 돌리려는 북한 지도부의 책략이 더 크게 작용한 것인지 여부는 훗날 언젠가는 드러날 것입니다.

　서로 상대국을 오가며 두 차례에 걸쳐 진행됐던 북·러 최고 지도자의 최근 정상회담은 2024년 6월 '군사 개입' 조항을 담은 '북·러 조약'의 체결이라는 가시적인 성과로 귀결되었습니다. 이 조약의 제4조는 "한 나라가 침공을 받아 전쟁 상태에 처하면 유엔 헌장 제51조와 각자의 국내법에 따라 지체없이 군사 원조를 제공한다"는 점을 명문화(明文化)해, 그동안 소원했던 두 나라의 관계를 유사시 군사 지원을 주고받는 준(準)군사동맹의 수준으로 격상시켰습니다.

　북·러 조약의 체결 직후 국제관계 전문가들은 이 조약의 제4조가 북한의 러시아 파병을 정당화하는 법적 근거로 활용될 것이라 전망했는데, 지금 이 전망은 현실이 되어가는 중입니다. 러시아의 푸틴 대통령은 2024년 11월 24일과 25일 양일의 언론 인터뷰를 통해 북한군의 파병 정황을 전하는 언론 보도를 부인하지 않으면서, 북·러 조약 제4조의 '군사 지원' 조항에 입각해 북한이 러시아를 돕는 문제에 대해 북한과 논의 중이라는 사실을 공개했습니다. 이는 그동안 '북한군 파병설'을 '가짜 뉴스'라 치부했던 러시아 외교부의 공식 입장을 뒤집은 발언입니다.

북한의 러시아 파병은 차츰 기정사실(旣定事實)로 받아들여지고 있습니다. 서방의 정보 당국은 1만 1,000~1만 2,000명가량의 여단급 북한군이 러시아에 도착해 전선에 배치됐거나 배치를 앞두고 있는 것으로 분석하고 있습니다. 문제는 북한군의 파병 규모가 이 정도에 그칠 것이냐는 점입니다. 우크라이나 측은 북한의 러시아 파병 병력이 10만 명까지 증가할 수 있다고 호소하고 있는데, 그 정도까지는 아니더라도 양국이 북·러 조약의 '군사 지원' 조항에 근거해 북한의 파병을 공식화한다면 전황에 연동해 시나브로 파병 규모가 늘어날 가능성은 충분합니다. 그렇게 되는 경우에도 북·러 양국은 서방에 확전의 빌미를 주지 않기 위해서 적절히 파병 규모를 통제하려 할 것입니다.

북한의 정찰 위성 발사 성공과
신형 다탄두 ICBM 시험 발사가 가진 함의

러시아가 전쟁이 장기화하면서 겪던 병력 충원(充員)의 애로를 북한군의 파병을 통해 일정 정도 해소하고 있다면, 북한이 자국 군대의 파병과 같은 초밀착의 대가로 러시아로부터 얻는 것은 무엇일까요? 백악관의 국가안보회의(NSC) 동아시아-오세아니아 담당 미라 랩-후퍼(Mira Rapp-Hooper) 선임보좌관은 다음과 같이 분석합니다.

　"북·러 관계는 한번 시작되자 정말 어지러울 정도의 궤도에 올랐다. 러시아는 북한을 국제기구에서 옹호하고 북한의 핵무기 역량을 정당화(正當化)하려고 할 뿐만 아니라, 아마 우리가 몇 년 전이었다면 상상할 수 없을 수준의 고급 기술을 북한에 지원하고 있을 것이다."

　이와 관련해 우리가 주목해서 봐야 할 것 중의 하나가 2023년 11월 21일 북한이 거듭된 실패 끝에 드디어 정찰 위성('만리경-1'호)의 발사에 성공했다는 사실입니다. 북한은 같은 해에만 두 차례(5월, 8월)나 발사에 실패하고 세 번의 시도 만에 비로소 위성을 지구 궤도에 성공적으로 진입시킬 수 있었습니다. 북한이 1년이라는 짧은 기간 안에 세 차례에 걸쳐 발사를 시도하고 오류를 수정해 발사 성공에 이르는 프로세스를 밟을 수 있었던 데는 어떤 형태로든 러시아의 기술 지원이 있었을 것이라고 보는 관측이 다수입니다. 2023년 9월 북·러 정상은 러시아의 극동에 위치한 보스토치니(Восточный) 우주기지에서 만나 관련 협력을 약속한 바 있는데, 실제 북한의 위성 발사 성공 직후 찍은 축하 사진에서 러시아인의 존재가 포착되기도 했습니다. 비록 두 달이라는 기간이 관련 기술을 온전히 전수하기에는 촉박한 시간이었겠지만, 풍부한 러시아의 발사 데이터 및 경험이 북한에 난제(難題)를 해결하는 실마리를 제공했을 수 있습니다.

　단순히 기술적인 측면에서만 본다면, 북한의 '만리경-1'호는 군사 정찰 위성으로서는 상당히 기능이 떨어지는 위성으로 평가됩니다. 1차 발사 때 추락한 위성을 인양해 확인한 바에 따르면, 위성에 탑재된 광학 장비는 해상도가 3~5m²로 최신 군사용 위성의 해상도 15~30cm²에 훨씬 못 미치는 수준이라고 합니다. 이 정도의 해상도로는 최소한 종합운동장 정도의 크기는 돼야 식별(識別)이 가능하다는 것입니다. "만 리를 보는 눈을 가지게 됐다"는 북한의 자화자찬(自畫自讚)을 머쓱하게 하는 이야기가 아닐 수 없습니다.

그런데 정작 북한의 정찰 위성 발사 성공이 가지는 중대한 함의 (含意)는 광학 장비의 이미지 해상도와는 무관합니다. 정찰 위성 발사에서 진짜 핵심은 위성을 우주 공간으로 쏘아 올려 지구 궤도에 안착(安着)시키는 기술, 곧 발사체인 로켓의 엔진 기술에 달려 있습니다. 정찰 위성 '만리경-1'호를 우주로 밀어 올린 북한의 로켓은 '천리마-1'호입니다. 위성 발사에 성공했다는 이야기는 결국 위성을 쏘아 올린 로켓 엔진이 성공적으로 가동되었다는 이야기가 되는데, 여기에는 핵·미사일의 고도화와 떼려야 뗄 수 없는 중요한 사실이 하나 숨겨져 있습니다. 바로 "위성 발사는 사실상 ICBM의 정상 각도 발사로 볼 수 있는데, 거칠게 말하자면 위성 발사 성공은 결국 ICBM의 정상 각도 발사 시험의 성공을 의미한다"*는 사실입니다.

지금까지 북한의 ICBM 시험 발사는 고각 발사로만 실행되어 정

---

* 양욱 외교안보센터 연구위원.

상 각도 발사를 통한 성능 검증의 기회를 갖지 못해왔습니다. 자칫 정상 각도로 발사했다가는 미국에 대한 공격으로 간주될 위험성이 있었기 때문입니다. ICBM 성능의 핵심은 대기권 재진입 기술인데, 이 기술은 정상 각도 발사를 통해서만 직접적인 검증이 가능합니다. 그런데 북한이 정찰 위성 1호의 발사 성공으로 대기권 재진입 기술의 확보에 가까워졌음을 간접 증명한 셈입니다. 우리 정부 고위 관계자도 "(북한의) ICBM 대기권 재진입 기술이 거의 완성 단계"임을 인정했습니다. 우리가 북한의 '만리경-1'호 발사 성공을 우습게 보거나 폄하(貶下)할 수 없는 이유가 여기에 있습니다.

'만리경-1'호의 발사 성공에 고무된 북한은 2023년 연말의 노동당 중앙위 전원회의를 통해 2024년에 3차례 정찰 위성을 발사하겠다고 공언한 바 있습니다. '만리경-1'호 하나만으로는 군사 정찰에 한계가 뚜렷했기 때문입니다. '만리경-1'호에 탑재되었을 것으로 추정되는 광학 장비로는 구름이 끼지 않은 맑은 날에만 목표물의 사진을 촬영할 수 있다는 맹점(盲點)이 있습니다.

그런데 북한이 확보한 위성 발사 기술이 완벽하지는 않았는지, 2024년 5월 27일의 2차 정찰 위성 발사는 실패로 끝나고 말았습니다. 북한은 이례적으로 빠르게 발사 실패 사실을 인정했습니다. 무엇이 잘못됐는지를 일찌감치 알아내고 바로잡을 수 있다는 자신감을 시사하는 대목으로 보입니다. 우리 정보 당국의 분석에 따르면 북한 정찰 위성의 3차 발사 준비가 마무리 단계에 들어섰고, 조만간 발사할 가능성이 큰 것으로 분석됩니다. 전문가들은 이례적

2025 중국에 묻는 네 가지 질문

으로 빠른 2차 발사의 실패 인정과 시차가 거의 없는 3차 발사 준비로 미뤄볼 때, 북한이 러시아 파병의 '1차적 대가'로 발사체 관련 기술을 통째로 넘겨받은 것은 아닌지 의심하고 있습니다.

한편으로 '만리경-1'호 위성 발사를 전후해 남북의 정찰 위성 발사 경쟁이 가열되고 있습니다. 북한의 1호 위성 발사 직후인 2023년 12월 2일 한국의 정찰 위성 1호기가 미국 캘리포니아의 반덴버그(Vandenberg) 공군 기지에서 발사되어 우주 궤도에 안착했고, 2024년 4월 8일에는 2호기가 플로리다의 케네디 우주센터에서 발사에 성공했습니다. 두 위성의 발사체는 모두 일론 머스크가 설립한 스페이스X의 '팰컨(Falcon) 9'였습니다. 한국 3호 정찰 위성의 발사도 머지않아 실행될 것으로 전해집니다.

한국의 1호 정찰 위성은 전자 광학(EO)·적외선(IR) 방식의 30cm^2의 고해상도 카메라를 탑재했고, 2호 위성은 주·야간이나 기후에 영향을 받지 않는 SAR(Synthetic Aperture Radar: 합성 개구 레이더)를 탑재해 세계 최고 수준의 영상 해상도를 갖춘 것으로 알려져 있습니다. 두 위성 모두 2025년까지 SAR 탑재 위성 4대와 EO·IR 탑재 위성 1대를 도입하는 '425 사업'의 일환으로 진행된 것입니다. 이 사업이 완료되면 30분 단위의 촘촘한 대북 감시망이 구축되어, 단순히 군사 정찰 능력으로만 한정한다면 남북 간의 격차는 쉽게 따라잡을 수 있는 수준을 넘어섭니다.

하지만 북한이 보유한 핵·미사일 능력은 한국이 지닌 다른 분야의 군사력 우위를 상쇄하고도 남는 것으로 평가됩니다. 더구나 그동안 완성 여부가 의심을 받아온 ICBM의 대기권 재진입 기술을 온전히 확보했다면, 북한은 세계 1위의 핵보유국인 미국조차도 함부로 건드리기 어려운 상대의 반열에 올랐다는 뜻이 됩니다.

이를 입증이라도 하듯, 2024년 10월의 마지막 날 북한은 지금껏 발사해온 어떤 미사일보다 가장 높이 솟구치고(정점 고도 7,687.5km) 가장 긴 시간 동안(85.9분) 비행한 ICBM의 고각 발사 실험을 진행했습니다. 2023년 12월 '화성-18형'을 발사한 이후 10개월 만에 이뤄진 ICBM 도발인데, 신형 12축 바퀴의 이동식 발사대(TEL)에서 고체연료를 사용해 발사한 것으로 추정됩니다. 북한은 정상 각도로 발사하면 미국 본토 전체를 사정권에 둘 수 있는 이 미사일이 최신형인 '화성-19형'으로, 기존의 '화성-18형'과 함께 운용할 'ICBM의 최종완결판'이라 주장했습니다. 더 이상 발사 실험을 할 필요 없이 양산 체제에 들어갈 수 있는 완전한 ICBM이라는 뜻이지만, 실제로 그런 것인지는 의심이 있습니다.

'화성-18형'과 '화성-19형'은 모두 기습 발사가 용이하도록 고체연료를 사용하고 이동식 발사대에서 발사할 수 있다는 공통점이 있지만, 상대적으로 길이와 직경이 더 큰 '화성-19형'은 다탄두 ICBM일 확률이 높다는 관측도 있습니다. 탄두의 적재 공간과 탑재 중량을 늘려 적국의 주요 도시를 동시에 타격할 수 있도록 한 것으로 보이는데, 여기에도 러시아 기술 지원의 그림자가 아른거립니다. 길이와 직경이 늘어나고 탄두부가 뭉툭해진 '화성-19형'의 제원(諸元)과 형상이 러시아의 대표적인 다탄두 ICBM과 유사하다는 것이 유력한 근거의 하나로 제시됩니다.

'화성-19형' 발사 실험과는 별도로, 미국 대선을 전후한 시기에 북한이 7차 핵실험에 나설 수 있다는 관측이 있어왔습니다. 함경북도 길주군 풍계리에 위치한 북한 핵실험장의 내부 준비가 이미 끝나 있는 상태라 김정은 위원장이 결심하기만 하면 3번 갱도를 이용해 핵실험이 이뤄질 수 있다는 것이었습니다. 한데 북한 지도자의 선택은 상대적으로 후폭풍이 덜한 다탄두 ICBM의 고각 발사였습니다. 북한군의 러시아 파병이 현실로 드러나는 상황에서 국제적 반발과 비난에 직면한 북한이 나름대로 도발 수위를 조절한 결과로 보입니다.

'적대적 두 국가론'을 꺼내든 북한 지도부의 속내

"북남 관계는 더 동족 관계, 동질 관계가 아닌 적대적(敵對的)인 두 국가 관계, 전쟁 중에 있는 두 교전국 관계로 완전히 고착(固着)되었습니다. 이것이 오늘 북과 남의 관계를 보여주는 현주소라고 할 수 있습니다."

2023년 12월 북한의 노동당 중앙위원회 확대 전원회의(제8기 제9차)에서 김정은이 연설한 결정문의 한 대목입니다. 북한이 "하나의 민족, 하나의 국가, 두 개 제도에 기초한 우리의 조국 통일 로선과 극명하게 상반되는 '흡수 통일', '체제 통일'을 국책으로 정한 대한민국 것들과는 그 언제 가도 통일이 성사될 수 없다"는 '현실을 인정하고' 한국을 더 이상 '화해(和解)와 통일(統一)의 상대로 여기지 않겠다'는 선언입니다. 이른바 한반도의 '적대적 두 국가론'을 공식화(公式化)한 것입니다. 북한 정권의 대를 이은 유업이자 대남 정책의 기본 축이었던 조국 통일 노선을 포기하겠다는 정책 의지의 천명이었습니다. 북한이 체제 존립 근거 중의 하나로 내세웠던 핵심 정책을 스스로 부정하는 이율배반(二律背反)을 마다하지 않고 있는 셈입니다.

북한이 이렇게 대남 정책의 대전환에 나선 데는 여러 요인이 복합적으로 작용한 것으로 보입니다. 문재인 정부 아래서 진행됐던 '한반도 평화 프로세스'의 붕괴, 대북 강경책을 밀어붙이는 남한 보수 정부의 출현, 핵무장의 고도화에 따른 자신감, 남북 간 격차 확대에 따른 북한 주민의 동요 등이 두루 영향을 미쳤을 것입니다. 북·미 간의 교섭이 무위로 끝난 상황에서 남북 간의 화해 무드가 북한 체제의 존속에 유리하게 작용하지는 않을 것이라는 현실 인식에 바탕을 둔 결정으로 관측됩니다.

북한이 남한을 한 민족 안의 특수 관계로 보지 않고 별개의 국가로 취급하려는 조짐은 2023년 7월 김여정 노동당 부부장의 담화에서 보이기 시작했습니다. 북한의 2인자 격인 김여정은 미 공군 정찰기의 북측 경제수역 상공 정찰을 규탄하는 두 차례의 담화에서 처음으로 '남조선' 대신 '대한민국'이라는 단어를 언급했습니다. 그동안 북한의 공식 발표에서 사실상 사용하지 않았던 표현을 쓴 것입니다.

나아가 북한은 2024년 10월에는 헌법을 개정해 한국을 '철저한 적대 국가'로 규정함으로써 전해의 노동당 전원회의의 결정을 제도화(制度化)했습니다. 남북 관계의 경색(梗塞)에 개의치 않고 분단을 공고화해 체제의 안전을 도모하고, 궁극적으로는 한국을 제거할 수 있는 법적 근거와 명분을 갖추려는 의도로 분석됩니다. 전문가들은 통일 포기를 낯설어하는 북한 주민들에게 통일 정책의 폐기를 현실로 받아들이게 하려는 목적도 있는 것으로 보고 있습니다. 북한 체제의 특성상 헌법 개정이 어려운 일은 아니지만, 제도화된 북한의 숙적 규정이 상당 기간 남북 관계의 긴장과 마찰의 바로미터가 되리라는 것은 자명한 사실입니다.

현재까지 드러난 '적대적 두 국가론'의 고착을 위한 북한 지도부의 의지는 확고해 보입니다. '불가역적(不可逆的) 정책'을 표방한 핵 무력 증강 정책도 당연하게 지속되는 것은 물론입니다.

북·러 협력의 1차적 결실로 '만리경-1'호를 성공리에 발사한 이틀 후 북한은 '군사 분야 남북 합의서(2018년 9월 19일)'를 전면 무효화(無效化)하고 지상·해상·공중에서 중단되었던 모든 군사적 조치를 즉시 회복하겠다고 선언했습니다. 비록 북한의 위반 사례가 3,600여 회에 이른다는 통계가 없진 않지만, 남북이 우발적인 충돌 방지를 위해 유지해오던 안전장치를 걷어낸 것입니다. 곧바로 DMZ의 최전방 감시초소(GP)를 다시 복원했고, 이어 남북 교류의 상징이던 경의선과 동해선의 철도 및 도로의 북측 구역을 폭파(2024년 10월 15일)하고 그 자리에 장벽을 세웠습니다. 2024년 1월 김정은 시대에 세워졌던 평양의 '조국 통일 3대 헌장 기념탑'을 철거한 것도 상징적인 사건입니다.

윤석열 정부가 미국과의 핵 공유 협의와 한·일 군사 협력의 강화를 통해 '힘에 의한 평화'라는 이름의 대북 강경책을 펼치는 동안, 북한은 군사 정찰 위성의 발사 성공과 ICBM 성능의 고도화·정밀화라는 군사적 성취를 배경으로 '적대적 두 국가론'을 띄우며 남북 간의 심리적(心理的) 거리를 벌리고 있습니다. 남한의 민간 단체가 띄운 대북 전단과 정체불명의 무인기가 평양에 나타나고, 북한에서 부양한 오물 풍선에 담긴 선전물이 용산 대통령실 앞마당과 국회 현관 앞에 떨어지는 등 남북의 신경전이 날로 고조되는 양상입니다. 이런 와중에 러시아·우크라이나의 전장에서는 한국이 미국을 통해 우회(迂廻) 지원한 것으로 알려진 수십만 발의 150mm 포탄이 날아다니고 주요 격전지에서 북한군이 목격되는 모습이 속출하고 있습니다. 한반도에서 7,200km 떨어진 전장에서 남한의 포탄과 북한의 병사가 조우(遭遇)할지도 모르는 모순적인 상황이 가시권에 들어온 것입니다.

북·러 관계가 군대 파병이라는 초밀착으로 진전되는 동안, 사실상 북한 경제의 숨통이 되어준 중국의 존재감(存在感)은 상대적으로 희미해져 버렸습니다. 북·중 관계의 역사와 국제 역학상의 대립 구도를 고려할 때 북한의 러시아 파병에 대해 어떤 식으로든 북·중 간, 중·러 간 사전 조율(事前調律)을 거쳤을 것이라 보는 게 외교의 상식입니다. 그렇기는 해도 북·러 밀착이 심화되면서 중국이 그동안 사실상 독점해온 대북 영향력을 잠식당하고 있는 것도 엄연한 사실로 보입니다.

트럼프 2.0을 맞이한 동북아의 정세는

다시 트럼프의 시대! 2024년 미국 대선은 도널드 트럼프 공화당 후보의 완승(完勝)으로 끝났습니다. 트럼프 후보는 미국 대선의 향배를 좌우하는 경합주 7곳에서 모두 승리해 일찌감치 당선을 확정지었고, 2004년 조지 W. 부시 대통령 이후 20년 만에 총투표수에서도 민주당 후보를 앞서는 기록을 남겼습니다. 대선과 함께 치러진 의회 선거에서도 트럼프의 공화당이 연방 상원(100석 중 53석)과 하원(435석 중 218석) 모두 과반을 차지하는 '트라이펙타(Trifecta·3연승)'를 달성했습니다. 트럼프식 보수 어젠다를 스스럼없이 밀어붙일 수 있는 정치 지형이 조성된 것입니다. 여기다가 연방 대법원의 보수 우위(보수 6명·진보 3명)와 주 정부의 과반 점유(공화당 27·민주당 23)까지 감안하면, 트럼프 당선인은 미국 사법·입법·행정을 주도하면서 견제가 사라진 아메리카호(號)를 뜻대로 운항할 수 있는 만반의 조건을 갖춘 셈입니다.

필리핀 출신으로 글로벌 사우스(Global South)를 대표하는 지식인의 한 사람이자 탁월한 분석가인 월든 벨로(Walden Bello) 뉴욕주립대 사회학 겸임교수는 일찌감치 트럼프의 당선을 예언해 화제가 되었던 인물입니다. 매년 정기적으로 미국으로 건너가 강의하고 다수의 일반 미국인과 대화한 경험을 바탕으로 벨로는 객관적인 시각으로 대선 전에 트럼프의 재선(再選)을 예측해냈습니다. 그와 대화한 미국 유권자들의 뇌리에는 바이든 대통령의 4년이 안으로는 20%에 이르는 누적 인플레이션으로 쇼핑이라는 미국인들의 위대한 오락의 재미가 사라지고, 밖으로는 미국이 중동의 전쟁에서 통제력을 상실한 채 무기력(無氣力)한 모습으로 일관한 시기로 남아있었습니다.[*] 한마디로 2024년 미국 대선의 결과는 트럼프의 비전에 대한 지지가 아니라 바이든 정권의 무능함에 대한 미국 유권자들의 심판(審判)이었다는 것이 벨로의 분석입니다.

'트럼프 2.0'의 국제관계가 순탄하리라 믿는 전문가는 거의 없습니다. 트럼프는 대선 캠페인 내내 미국의 이익을 최우선으로 내세우며 국제관계와 관련해 거침없는 말을 쏟아냈습니다. 대표적인 것이 우크라이나에 대한 지원 중단과 '24시간 내' 종전, 대중국 관세 폭탄 투척과 모든 대미 수출국에 대한 보편관세 부과, 동맹국에 대한 방위비 분담금 대폭 인상 등의 발언입니다. 보수화된 미국의 지형을 배경으로 트럼프식 '미국 우선주의'의 압력이 1기 트럼프 행정부 이상으로 강력하게 국제관계를 뒤흔들 가능성은 필연적입니다.

예측 불가능성을 정치적 자산으로 내세우는 트럼프 차기 미국 대통령이 선거 캠페인 과정에서 했던 수많은 발언을 어느 정도까

---

[*] Common Dreams, 2024년 11월 8일.

지 현실화할지는 알 수 없습니다. 심지어 트럼프 자신도 자기가 내뱉었던 말 가운데 어느 정도의 허세가 섞여 있고 얼마만큼이 진심이었는지 구분하지 못할 수도 있습니다. 분명한 것은 트럼프 2기가 말이 앞서고 행동이 따르지 못했던 1기와는 사뭇 양상이 다를 것이라는 점입니다. 의회를 모두 공화당이 장악하고 있어서 정책 추진에 걸림돌이 없고, 충성파 위주로 구성된 참모와 관료들 가운데 트럼프의 질주(疾走)에 제동을 걸 만한 인물도 보이지 않습니다.

트럼프의 재선이 국제 정세에 미칠 영향을 정확히 분석하는 것은 쉽지 않은 일입니다. 그렇지만 1기 집권 시절의 정책과 재선 캠페인 과정의 언행을 복기해보면, 2기 트럼프 행정부가 펼칠 대외 정책의 윤곽은 얼추 그려볼 수 있습니다.

첫째, 동유럽과 중동에서 진행 중인 전쟁의 향방에 관한 것입니다.

먼저 우크라이나의 전장에서는 양측이 지금 당장은 아슬아슬한 확전의 힘겨루기를 마다하지 않는 모양새이지만, 트럼프의 2기 임기 시작과 함께 휴전 또는 종전을 향한 훈풍이 불어올 것입니다. 트럼프 당선자 측에서는 주로 현재의 전선을 동결해 비무장지대(非武裝地帶)를 설정하고 우크라이나의 나토 가입은 허용하지 않는 방식의 휴전안을 거론하고 있습니다. 휴전(休戰)이 성사된다면 세계 경제 측면에서는 불확실성의 요인 하나가 제거되는 훈풍이겠지만, 우크라이나의 사정은 다를 것입니다. 이 글의 서두에서 인용한 스티븐 M. 월트의 표현에 따르면, 트럼프의 당선으로 "우크라이나는 쫄딱 망했습니다."

다음으로 중동에서 진행 중인 이스라엘 대(對) '저항의 축' 사이의 전쟁은 일시적으로 소강상태에 들어간 듯이 보이지만, 뿌리 깊은 갈등 요인이 해소되지 않아 언제건 다시 불타오를 수 있습니다. 지금의 소강상태는 팔레스타인 가자지구의 집권 세력인 하마스가 이스라엘의 역공으로 궤멸적 타격을 입고, 이스라엘과 레바논의 헤즈볼라가 일시 휴전에 들어갔으며, 경제난에 처한 이란이 이스라엘의 공격에도 맞대응하지 않으면서 생겨난 잠정적인 상황에 불과합니다. 그런데 새로 취임한 트럼프 집행부가 1기 집권 시절처럼 편파적(偏頗的)인 친이스라엘 정책으로 일관한다면 중동의 광범위한 지역에서 대미·대이스라엘 항쟁이 폭발할 여지가 충분합니다.

둘째, 관세(關稅)를 활용한 무역 전쟁(貿易戰爭)이 확대되고 심화될 우려입니다.

결론부터 이야기하자면 이 가능성은 100%에 가깝습니다. '관세의 열렬한 신봉자'를 자처해온 트럼프는 대선 기간 내내 미국의 심각한 무역적자를 내세우면서 60~100%의 관세 폭탄으로 대중국 무역 전쟁의 수위를 한껏 높이고 모든 미국의 수입품에 일률적으로 10%의 보편 관세를 부과하겠다고 공언해왔습니다. 중국산 제품에 60% 이상의 관세를 부과하면 미·중 교역 관계가 사실상 끝날 것이라는 경제학자들의 지적으로 보아, 이 수치는 지지자들의 환심을 사기 위해 내뱉은 트럼프의 허장성세(虛張聲勢)일 가능성이 큽니다.

그렇다고 해서 1기 시절 고율의 관세 부과와 반도체 공급망 제재로 미·중 무역 전쟁을 촉발시켰던 트럼프 당선인이 중국을 겨냥한 관세 인상과 무역 제재의 확대 의지를 거두지는 않을 것입니다. 결국 트럼프 2기의 양국 사이에는 1기 시절보다 범위가 커지고 규모가 늘어난 무역 전쟁이 전개될 것은 분명합니다. 두 나라의 대립은 단순히 무역 분야에서만 한정되지 않고 동북아의 뇌관인 대만 및 한반도 문제와 연동되면서 더 불꽃을 튀기게 될 것입니다.

현재 진행 중인 미·중 무역 전쟁의 여파는 한국과 대만 같은 동북아 역내 국가에 이미 심상찮은 경제적 경색을 초래한 바 있습니다. 수출길이 막혔고, 소재와 부품의 공급에 차질이 생겼으며, 시설 투자에도 지장이 생겼습니다. 2기 트럼프 정부는 이런 애로와 난관을 더욱 가중시키는 정책의 추진을 예고하고 있습니다. 수출 비중이 높은 한국 경제에는 특히 심각한 적신호가 켜질 가능성이 큽니다. 교역 규모 1, 2위 국가의 틈바구니에서 한국이 운신의 폭을 제한당하기 때문입니다. 여기다가 편향적인 이념 외교를 내세워 대중·대러 외교를 등한시했던 비경제적 요인까지 오버랩된 결과가 트럼프 2기에서 부메랑으로 되돌아오는 것은 아닌지 우려스럽습니다.

셋째, 한국은 대거 증액된 방위비 분담 요구에 시달릴 게 뻔합니다.

　1기 집권 시절 주한미군의 주둔 비용(방위비 분담금)을 이전의 다섯 배인 50억 달러를 요구했던 트럼프 당선인이 2024년 재선 캠페인 기간에는 또 그 두 배인 100억 달러는 받아야 한다면서 방위비 재협상에 나설 것을 시사했습니다. 그는 한국을 부유한 나라를 뜻하는 '머니 머신(Money Machine·현금 자동지급기)'이라 부르면서, "내가 (지금) 백악관에 있다면 한국은 미국에 연 100억 달러를 기꺼이 지불할 것"이라며 구체적인 수치까지 제시했습니다.

　이 금액은 11차 방위비 분담 특별 협정(Special Measures Agreement, SMA)이 적용되는 마지막 해인 2025년에 한국이 부담해야 할 금액(1조 4,028억 원≒10억 451만 달러, 2024년 11월 29일 환율 기준)의 거의 10배에 이릅니다. 선거 유세에서 트럼프는 한국이 방위비를 더 내지 않으면 주한미군을 철수할 수 있다고 엄포를 놨고, 그의 주요 참모들도 현재 GDP의 2%대인 한국의 국방비 비율을 3%로 올려야 한다고 주장하면서 트럼프의 주장에 보조를 맞추고 있습니다. 국방 예산을 대폭 늘려 방위비 분담금도 넉넉히 내고 미국산 무기도 많이 사라는 주문입니다.

　물론 트럼프가 언급한 100억 달러는 협상을 염두에 두고 트럼프가 사업가적 기질을 발휘해 특유의 허세와 과장을 섞어 던져본 금액일 것이고, 협상 과정에서 미국 정부의 최종안으로 제시될 성질의 것도 아닙니다. 분담금을 대폭 올리겠으니 각오하고 있으라고 통보한 것에 가깝다고 보면 됩니다. 트럼프 1기 집권 시절에 진행된 11차 SMA도 실제 협상 과정은 대단히 유별나지는 않았습니다. 이 협상에서 미국 측이 제시한 최종 요구안은 이전 분담금의 5배인 50억 달러가 아니라 이전 금액에서 50% 가까이 인상한 13억 달러 였습니다. 이 SMA는 지루한 협상 과정을 거쳐 조 바이든 정부 출범 직후에 타결되었는데, 이전보다 13.9% 인상된 금액을 분담하는 것을 골자로 하는 최종 합의가 이뤄졌습니다. 트럼프의 행동이 말을 앞서지는 못했던 것입니다.

그러나 트럼프 2기에서는 다른 양상이 펼쳐질 가능성이 큽니다. 1기와는 달리, 이제는 트럼프 당선인이 자국에서 눈치를 봐야 할 데가 없습니다. 미국의 정치 지형이 보수 일색으로 재편되면서 트럼프의 행보를 견제하거나 제동을 걸 수 있는 세력이 잘 보이지 않습니다.

주한미군 방위비 분담금 문제도 트럼프 당선인의 페이스대로 진행될 가능성이 큽니다. 다행히도 한·미 양국은 2024년 10월 초에 제12차 SMA를 체결해 2026~2030년의 5년간 적용될 분담금의 규모와 기준을 이미 확정한 바 있습니다. 그러나 이마저도 재협상하자고 나서지 않는다는 보장이 없습니다. 이럴 경우 1기에 비해 훨씬 파격적인 증액을 내세워 이전보다 더 강력하게 밀어붙일 수 있습니다. 어쩌면 목표를 달성하기 위해 주한미군을 일부 감축하거나 철수하는 모습을 보여주는 이벤트를 벌일지도 모를 일입니다.

만약 상황이 그렇게 진행된다면 트럼프 2기 미국의 요구를 가능한 선에서 최대한 들어 주는 대신 다른 실리를 취하는 협상의 묘

(妙)를 발휘하는 것도 현명한 대처 방법의 하나일 것입니다. 트럼프 당선인은 사업가로서의 마인드가 확실한 만큼, 서로 이익을 주고받는 거래에 익숙할 것입니다. 방위비 분담금을 파격적으로 올리는 것을 받아들이는 대신, 우리도 그에 상응하는 것을 돌려받을 수 있으면 됩니다. 예컨대 안보 분야로만 한정해 따져본다면 핵추진 잠수함 연료의 안정적 공급이나 일본 수준의 '핵연료 재처리' 허용 등을 상응할 만한 사례로 거론할 만합니다.

미국의 경제적 이익을 앞세워 방위비를 더 많이 늘려야 한다는 트럼프의 압력에 직면한 동맹국은 한국만이 아니었습니다. 국방 예산을 늘려 미국산 무기를 많이 사들이라는 일종의 '공포 마케팅'을 전방위로 펼친 것입니다.

1기 집권 시절 유럽연합(EU) 나토 가입국의 방위비 분담금 증액을 압박하기 위해 자국이 주도하던 나토 탈퇴까지 거론했던 트럼프 당선인은 2024년 대선 과정에서도 EU를 거세게 밀어붙였습니다. 나토 가입국들이 GDP 대비 2% 이하의 낮은 방위비를 지출하는 것을 '세기의 도둑질(the steal of the century)'이라고 비난하며 "나토 동맹국이 방위비를 늘리지 않으면 러시아가 이들 나라를 침공하도록 독려하겠다"는 취지로 망언에 가까운 발언도 서슴지 않았습니다.

대만 또한 트럼프의 당선을 전후해 안보 불안이 고조되면서 군사비 지출을 전시 상황에 준해 대폭 확대해야 한다는 압력에 시달리고 있습니다. 트럼프의 미국이 중국의 대만 침공 시 대만을 포기할 수도 있다는 우려가 나오고 있기 때문입니다. 트럼프는 대만 방어에 대해 유보적(留保的)인 태도를 보여 대만의 안보 불안감을 키우는 한편으로, 대만이 냉전 시대 미국 국방비에 준하는 'GDP의 10%'를 군사비로 써야 한다고 압박하고 있습니다.

넷째 북한이 북·미 대화(北美對話)에 응할 가능성이 있는가의 문제입니다.

"(대화) 테이블로 나오지 않겠다는 평양의 결심이 완강했다 (Pyongyang was adamant about its determination not to come to the table)."

바이든 정부의 국가안보회의(NSC)에서 마지막 임기를 보내고 있는 미라 랩-후퍼(Mira Rapp-Hooper) 동아시아-오세아니아 담당 선임보좌관이 최근의 한 대담에서 밝힌 내용입니다. 여러 해 동안 다양한 채널과 계기로 북한과 접촉해 아무런 조건 없이 대화하자고 제의했다면서 밝힌 북한의 반응입니다. 북한이 남북 대화는 물론이고 북·미 대화에도 나서지 않겠다는 입장을 분명히 한 것입니다. 북한이 '적대적 두 국가론'을 공식화한 것도 한·미와는 당분간 대화하지 않겠다는 결정에 바탕을 두었을 것입니다.

그렇다면 북한이 이렇게까지 대화를 거부하는 이유가 무엇일까요? 모든 대화 채널이 막힌 상태에서 관련 당국도 북한의 진의(眞意)를 확인할 방도는 달리 없을 것입니다. 저로서도 그저 배경 정도를 어렴풋이 짐작해볼 수 있을 뿐입니다. 아마도 핵 능력의 고도화 및 정밀화에 대한 자신감과 2018~2019년 연쇄 남북/북·미 정상회담의 최종 결렬에 대한 실망감 등이 북한의 판단에 영향을 끼쳤을 것으로 생각됩니다. 특히 북한의 입장에서는 2018년 핵·미사일 모라토리움을 선언하고 풍계리 핵실험장 폭파 현장을 외부에 공개하는 등 나름대로 최선을 다했지만, 2019년 2월 트럼프 대통령과의 하노이 2차 북·미 정상회담이 결렬로 끝나면서 대화에 대한 기대를 접은 것이 아닌가 추측합니다.

트럼프 당선인은 후보 시절, 북한의 김정은 위원장에 대해 "핵무기를 가진 김정은 북한 국무위원장과 잘 지내는 것은 좋은 일"이라는 취지의 우호적 언급을 한 적이 있습니다. 김 위원장의 입장에서도 두 차례의 정상회담을 하고 여러 차례 친서도 주고받은 이력이 있는 트럼프 당선인이 그래도 대화를 추진할 만한 상대라고 판단할 수도 있습니다. 이런 점에서 트럼프 2.0을 맞아 북·미 대화가 재개될 가능성은 비교적 커졌다고 볼 여지도 있습니다. 문제는 트럼프의 미국이 그동안 대화 테이블에 나오기를 완강히 거부해온 북한을 끌어낼 수 있는 마땅한 유인책이 있느냐는 것입니다.

'핵 무력'을 '완성'했다고 자처하는 북한으로서는 더 이상 '한반도 비핵화'를 의제로 올리기를 거부할 것입니다. 그 어느 때보다도 유리한 정치 지형을 갖춘 트럼프라도 당파를 떠나 미국의 일관된 입장이었던 '한반도 비핵화' 노선을 함부로 이탈하기는 쉽지 않은 건 마찬가지입니다. 한반도 국가의 핵무기 보유를 인정하는 것은 결과적으로 미국의 국익과 배치되는 결정이 될 수 있기 때문입니다. 미국이 북한의 핵 보유를 인정하면, 동북아의 동맹국들이 너도나도 미국의 핵우산에서 벗어나 자체 핵무장에 나서는 도미노 현상을 초래할 것입니다. 이 과정에서 역내의 긴장이 고조되는 것은 물론이고, 미국의 영향력 감소가 불가피하게 수반될 것은 뻔한 수순입니다.

국제관계의 여러 동향과 북·미 양국의 상황을 볼 때 양국이 대화를 서두를 만한 요인은 적어 보입니다. 그래도 향후 어느 시기에 북미가 대화 테이블에 앉게 된다면 아마도 '한반도 비핵화'가 의제에서 제외될 가능성이 상대적으로 높습니다. 양국이 북한의 핵 보유 인정을 공통분모로 해서 미국은 군축을, 북한은 동결과 제재 해제를 요구하는 협상이 진행될 가능성이 있습니다. 한국으로서는 그야말로 난감한 외교적 과제를 안게 되는 격이지만, 미국의 정치 지형과 트럼프 특유의 캐릭터로 볼 때 아주 불가능한 시나리오도 아닐 것입니다.

다섯째, 동북아의 반도체(半導體) 공급망에 미칠 영향입니다.

반도체는 달러, 석유와 함께 세계 경제의 패권을 좌우하는 3대 구성 요소의 하나로 취급됩니다. 첨단 기술력과 초대형 장치 산업의 결합체인 반도체 공급 사업은 동북아가 미국과 함께 사실상 공급망의 절반 가까이를 점유하고 있습니다. 2023년의 매출액을 기준으로 상위 10위 안에 든 대만의 위탁 생산 업체 TSMC(1위), 한국의 종합 반도체 기업인 삼성전자(3위)와 SK하이닉스(7위)의 본사가 이곳에 자리 잡고 있습니다. 나머지 10위권 기업은 미국 업체 4곳(인텔·엔비디아·퀄컴·브로드컴)과 유럽 업체 2곳입니다.

반도체 원천 기술의 대다수를 차지한 미국은 이를 무기로 원천 기술-설계-생산으로 이어지는 반도체 산업의 생태계 길목 입구를 장악하고 있습니다. 트럼프 2기 행정부가 미국과의 격차(隔差)를 따라잡기 위해 민관군이 일체가 되어 맹추격하고 있는 중국을 견제하기 위해 관세 수단과 비관세 수단을 모두 동원해 경제 전쟁의 확대를 주저하지 않으리라는 것은 불을 보듯 뻔합니다. 미국이 동북아의 동맹국들에 대중국 제재 동참을 강요하는 것은 트럼프 1기와 다름없을 것이고, 중국 또한 이에 대응해 반도체 수급을 위해 필사적으로 우회 전략을 펼치면서 빠른 자생력(自生力) 확보를 위해 온갖 노력을 경주할 것도 자명한 이치입니다.

2024년 10월 말 중국 화웨이가 출시한 AI 칩셋에서 TSMC의 7nm 반도체가 나온 것이 이런 중국의 절박함을 보여주는 우회 전략의 한 사례입니다. 미국의 제재 대상인 화웨이가 다른 중국 기업을 내세워 공급을 받은 것으로 추정됩니다. 미국과 중국이 무역 규제와 보복을 주고받는 과정에서 경제 전쟁이 안보 문제로 비화(飛火)되어 동북아 긴장의 파고가 높아질 가능성 또한 배제할 수 없습니다.

반도체 문제를 예로 들었을 뿐, 트럼프 2.0이 예고한 경제 전쟁은 산업의 제한을 두지 않을 것입니다. 대선 기간 중에 트럼프 후보는 미국의 「반도체 지원법(CHIPS and Science Act of 2022)」과 「인플레이션 감축법(Inflation Reduction Act, IRA)」에 의거해 미국 국내의 외국 공장에 지원하는 보조금을 불필요하다며 철폐하겠다고 공약(公約)했습니다. 전기차 보조금이 대표적입니다. 보조금을 주는 대신 파격적인 고율의 관세를 부과해 미국에 투자하지 않을 수 없게 만들겠다는 논리입니다. 미국이 자국민의 고용 확대를 위해 유치한 외국의 국내 공장에 대한 지원 제도마저 흥정의 대상으로 삼겠다는 트럼프식 화법으로 보입니다.

이를 반영하듯 트럼프 당선인 인수위의 에너지 정책팀이 IRA 세액공제 폐지를 논의 중이라는 보도가 나왔습니다. 만약 실현된다면 바이든 정부의 정책을 믿고 미국에 공장을 지은 한국 등의 외국 전기차 관련 업체들은 손실이 불가피할 것입니다. 반면에 이번 대선에서 트럼프 후보를 지지했고 정부효율화부 책임자로 임명된 대표적 미국 전기차 업체 테슬라의 최고경영자 일론 머스크에겐 엄청난 희소식이 될 것입니다.

국제관계에서 영원(永遠)한 것은 국익(國益)뿐이다

"국제정치에는 영원한 적도 영원한 친구도 없다. 영원한 것은 국익이다."

북한군의 러시아 파병이라는 돌발변수와 트럼프의 재집권이라는 대형 이슈의 등장으로 국제 정세는 그야말로 한 치 앞을 알 수 없는 캄캄한 겨울의 밤으로 접어들고 있습니다. 그 어느 시기보다

슬기롭고 균형 잡힌 한국의 외교가 필요한 때입니다. 철 지난 '자유 (自由)'라는 단어를 국내에서는 물론이고 해외에서까지 남발하며 이념 외교·진영 외교에 몰두하던 윤 대통령이 새겨들어야 할 고언 (苦言)이 아닐 수 없습니다.

그나마 다행인 것은 한·미·일 협력만을 중시하던 현 정부의 책임자가 뒤늦게나마 대중 관계의 중요성을 인식하기 시작한 것으로 보인다는 점입니다. "한국에 있어 (미·중) 양국은 둘 중 하나를 선택 (選擇)해야 하는 문제는 아니다." 주요 20개국(G20) 정상회의(2024년 11월 중순) 참석을 위해 브라질을 방문했던 윤 대통령이 현지 언론과의 인터뷰에서 한 말이 이를 시사합니다. 우크라이나에 살상 무기를 지원하게 될 경우 파국으로 치닫게 될 대러시아 관계도 심사숙고와 슬기로운 상황 관리가 필요하기는 마찬가지입니다. 두 나라모두 한국과는 떼려야 뗄 수 없는 깊은 정치·경제·안보상의 연관을 맺고 있습니다. 사람이 빵만으로 살 수 없듯이, 한국 경제가 한·미·일 군사 협력에만 목을 매고 있을 수도 없는 일입니다.

이 책은 원래 제가 대중 외교의 일선을 담당했던 경험에 입각해 한국과 관련 있는 중국의 대외 관계에 대해 충고하기 위해 썼던 글입니다. 중국인을 대상으로 하는 중국에 관한 글인 만큼, 서방의 시각에만 의존하는 대신 가능한 한 중국 내부의 논리를 균형(均衡) 있게 배치하려고 노력했습니다. 그렇더라도 제가 국제관계를 전공하고 연구한 전문가가 아니다 보니, 국제 문제에 대한 인식과 논리

전개에 부족함과 허술함이 많을 것입니다. 전문가와 관계자들의 애정 어린 비판(批判)과 질책(叱責)을 기대하며, 이 책이 현대 중국의 정치 경제 체제와 관련 동향을 이해하는 데 작은 이정표(里程表)가 되었으면 하는 바람입니다.

2025 중국에 묻는 네 가지 질문
미·중 갈등 구도에서 한국이 걸어야 할 한·중 외교의 길

초판 1쇄 발행 2025년 1월 22일

지은이 노영민
펴낸이 김현종
출판본부장 배소라 **디자인** 푸른나무디자인
마케팅 안형태 김예리 **경영지원** 신혜선 문상철 신잉걸

펴낸곳 (주)메디치미디어
출판등록 2008년 8월 20일 제300-2008-76호
주소 서울특별시 중구 중림로7길 4, 지하 1층
전화 02-735-3308 **팩스** 02-735-3309
이메일 medici@medicimedia.co.kr **홈페이지** medicimedia.co.kr
페이스북 medicimedia **인스타그램** medicimedia

© 노영민, 2025

ISBN 979-11-5706-394-9 (03340)